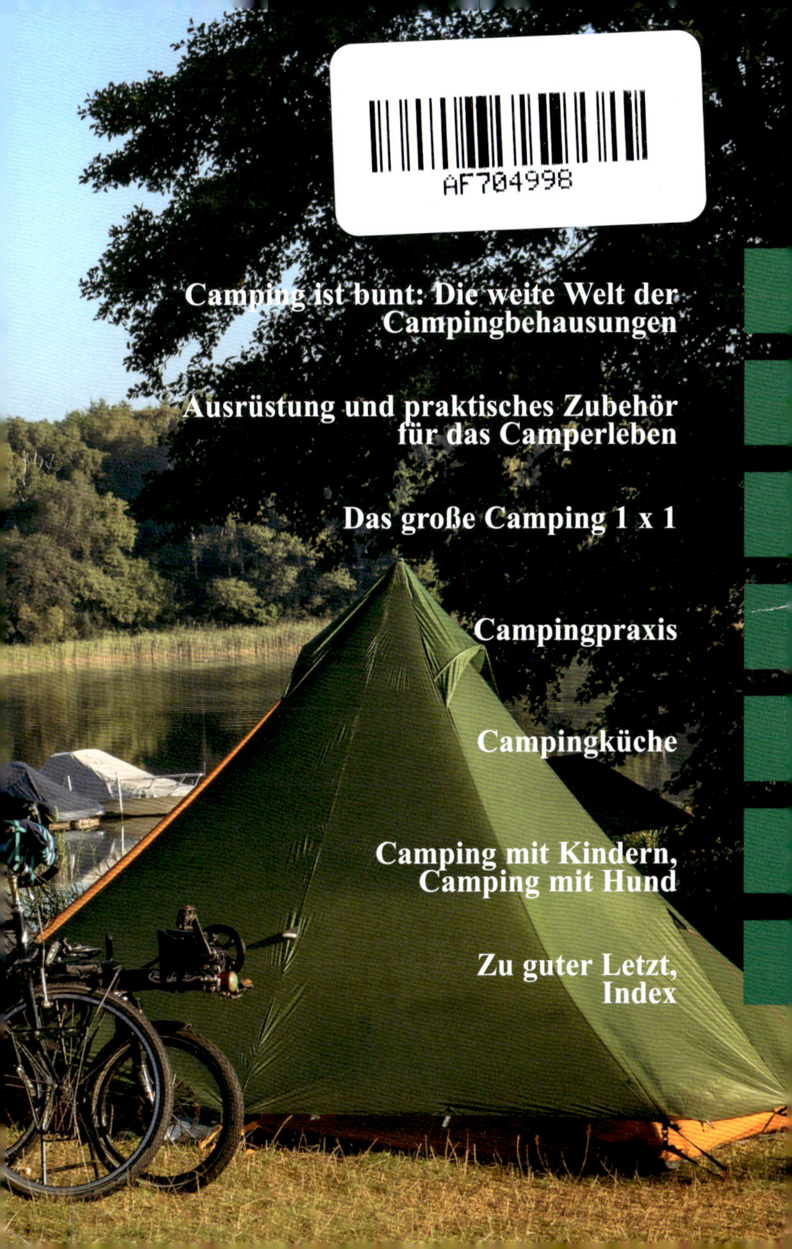

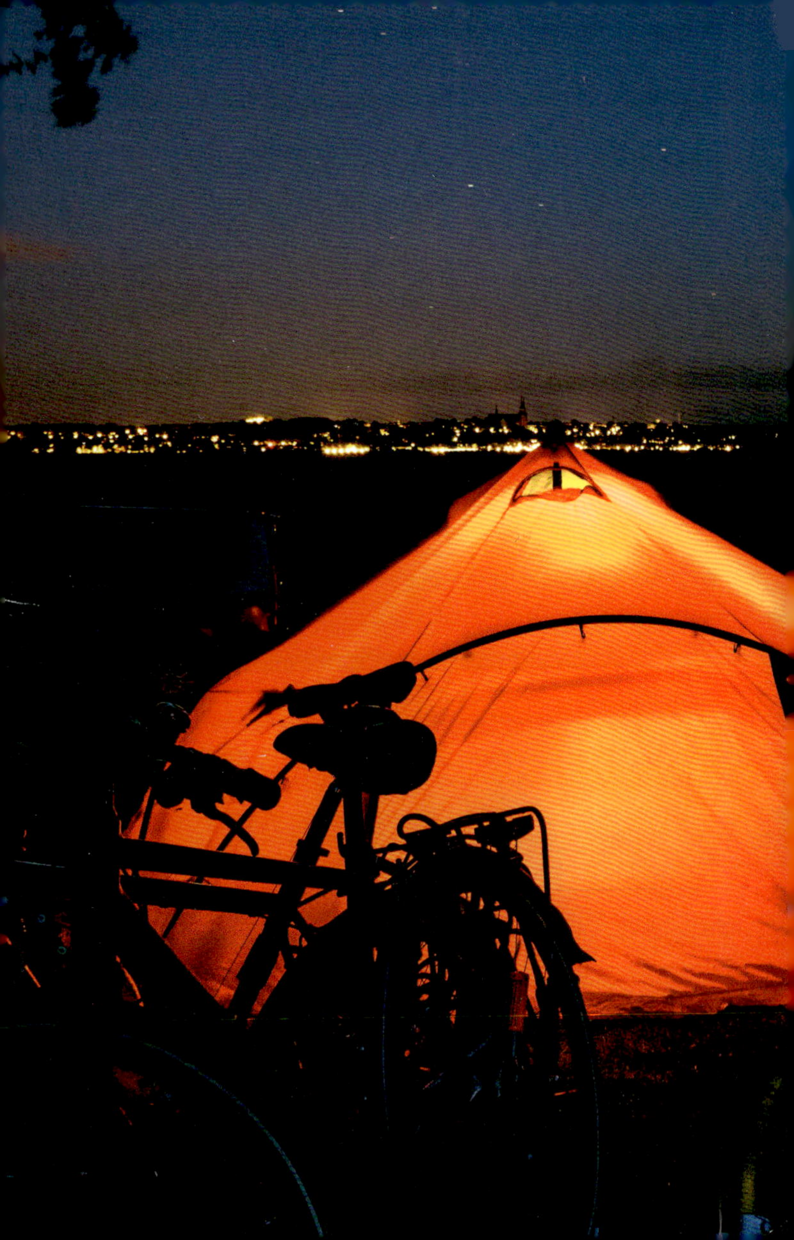

Band 237

OutdoorHandbuch

Michael Hennemann

Camping

Grundlagen · Ausrüstung · Praxistipps

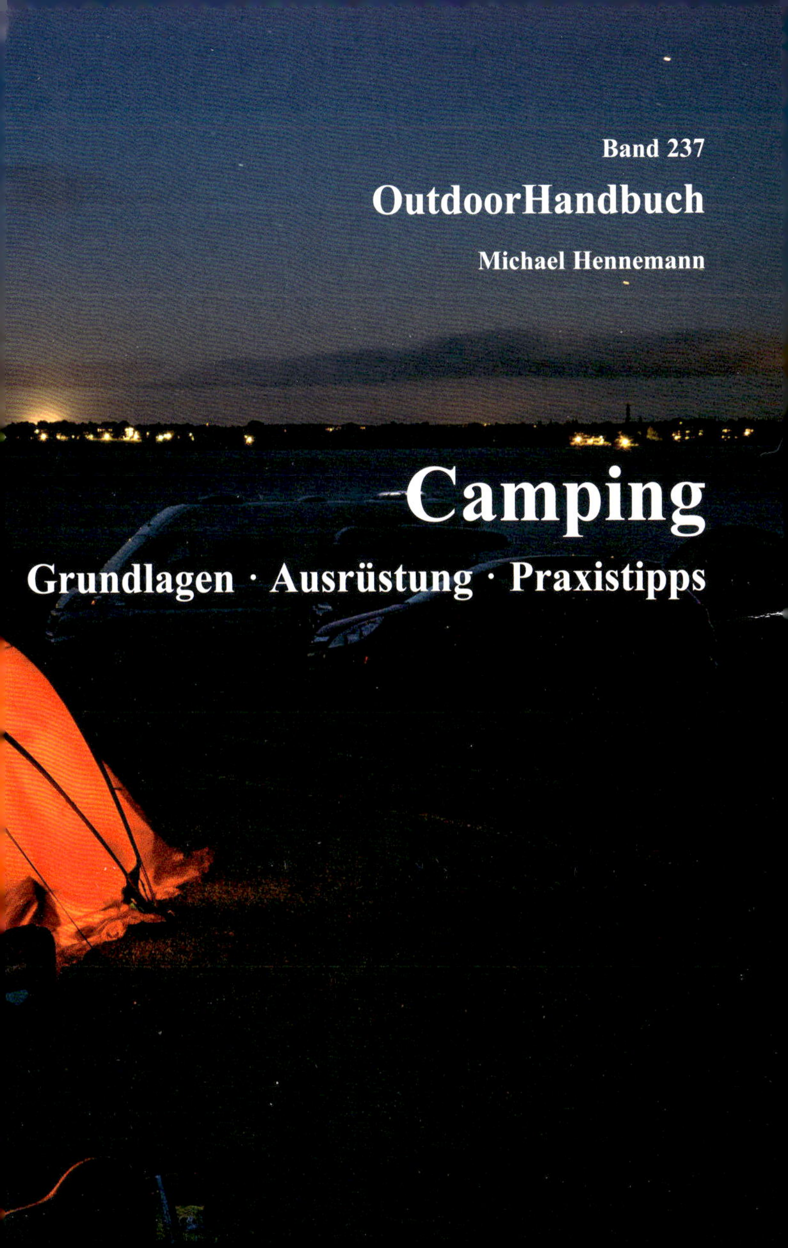

Camping

Alle Informationen, schriftlich und zeichnerisch, wurden nach bestem Wissen zusammengestellt und überprüft. Sie waren korrekt zum Zeitpunkt der Recherche. Eine Garantie für den Inhalt, z. B. die immerwährende Richtigkeit von Preisen, Adressen, Telefonnummern sowie Internetadressen, Zeit- und sonstigen Angaben, kann naturgemäß von Verlag und Autor - auch im Sinne der Produkthaftung - nicht übernommen werden.

Der Autor und der Verlag sind für Lesertipps und Verbesserungen (besonders per E-Mail) unter Angabe der Auflagen- und Seitennummer dankbar.

Dieses OutdoorHandbuch hat 128 Seiten mit 49 farbigen Abbildungen und 4 farbigen Illustrationen. Es wurde auf chlorfrei gebleichtem, FSC®-zertifiziertem Papier gedruckt, in Deutschland klimaneutral hergestellt und transportiert und wegen der größeren Strapazierfähigkeit mit PUR-Kleber gebunden.

FSC
www.fsc.org
MIX
Papier aus verantwortungsvollen Quellen
FSC® C009051

Klimaneutral
Druckprodukt
ClimatePartner.com/10951-1808-1007

Dieses Buch ist im Buchhandel und in Outdoor-Läden erhältlich und kann im Internet oder direkt beim Verlag bestellt werden.

OutdoorHandbuch aus der Reihe „Basiswissen für draußen", Band 237

ISBN 978-3-86686-579-2 1. Auflage 2018

Text: Michael Hennemann
Fotos: Michael Hennemann & Manuela Dastig (md)
Lektorat: Anna-Lena Ebner
Layout und Illustrationen: Manuela Dastig

Gesamtherstellung: gutenberg beuys feindruckerei

Dieses OutdoorHandbuch wurde konzipiert und redaktionell erstellt vom:

Conrad Stein Verlag GmbH, Kiefernstr. 6, 59514 Welver,
☏ 023 84/96 39 12, FAX 023 84/96 39 13
info@conrad-stein-verlag.de,
www.conrad-stein-verlag.de

Besuchen Sie uns bei Facebook & Instagram:

www.facebook.com/outdoorverlag

www.instagram.com/outdoorverlag

Titelfoto: Zelten auf einem Naturlagerplatz während einer Radtour in Dänemark

Inhalt

Vorwort

Die Bezeichnung „Camping" hat ihren Ursprung im lateinische Wort *campus* (= Feld). Mit den Wiesen an Bauernhöfen, auf denen die ersten Camper in der Nachkriegszeit ihre Zelte aufgeschlagen haben, haben moderne Campingplätze aber nicht mehr viel gemein.

Ganz Europa ist heute ein wahres Campingparadies. Ob glitzernde Seen in Schweden, Sonne und Strand in Spanien oder nur wenige Autostunden von zu Hause entfernt an Nord- und Ostseeküste oder an einem der lieblichen bayerischen Voralpenseen – herrliche Campingplätze gibt es überall.

Zelt, Isomatte und Schlafsack, ein traumhafter Platz am See sowie ein Gaskocher. Mehr braucht es für das Campingglück nicht. Wer möchte, kann getreu dem Motto „weniger ist mehr" nur mit dem Nötigsten aufbrechen, um die gewohnten Annehmlichkeiten des Wohlstandslebens in der Stadt zurückzulassen und ganz bei sich selbst zu sein.

Camping im 21. Jahrhundert ist aber vor allem unglaublich vielfältig und es geht auch genau andersherum. Wer nicht auf Luxus verzichten möchte, mietet sich beim sogenannten Glamping einen hochwertig eingerichteten Caravan oder ein komfortables Safarizelt. Das ist dann zwar nicht viel billiger als die Übernachtung in einem guten Hotel, dafür haben Sie Restaurant, Pool und Wellnessbereich direkt vor der eigenen Terrasse, ohne auf die Freiheiten des Lebens auf einem Campingplatz verzichten zu müssen.

Entdecker schließlich gehen mit Campingbus, Kastenwagen oder Wohnmobil auf einen Roadtrip, um Land und Leute kennenzulernen, und ziehen je nach Lust und Laune weiter, wenn es ihnen an einem Ort nicht mehr gefällt.

Camping ist eine sehr individuelle und selbstbestimmte Art, seinen Urlaub zu verbringen. Das bringt es naturgemäß mit sich, dass Sie sich um alles selbst kümmern müssen. Zelt aufbauen, Caravan ausrichten, Wassertank füllen, Toilette entsorgen: Beim Camping gibt es eigentlich immer etwas zu tun und bei Ihrem ersten Besuch auf einem Campingplatz werden Sie sicher mit der ein oder anderen unerwarteten Herausforderung konfrontiert.

Selbst alte Hasen mit mehreren Jahren Campingerfahrung auf dem Buckel haben irgendwann einmal angefangen und können so manche Anekdote von Fehlern erzählen, über die sie heute nur noch mit dem Kopf schütteln können.

Um Ihnen den Einstieg zu erleichtern, habe ich Ihnen in diesem Buch die gesammelten Erkenntnisse aus über 20 Jahren Campingerfahrung zusammengetragen. Und falls doch einmal etwas nicht auf Anhieb klappt: Keine Angst, Camper sind eine sehr freundliche und hilfsbereite Gemeinschaft und wenn Sie einmal nicht weiterwissen, findet sich sicherlich schnell eine helfende Hand.

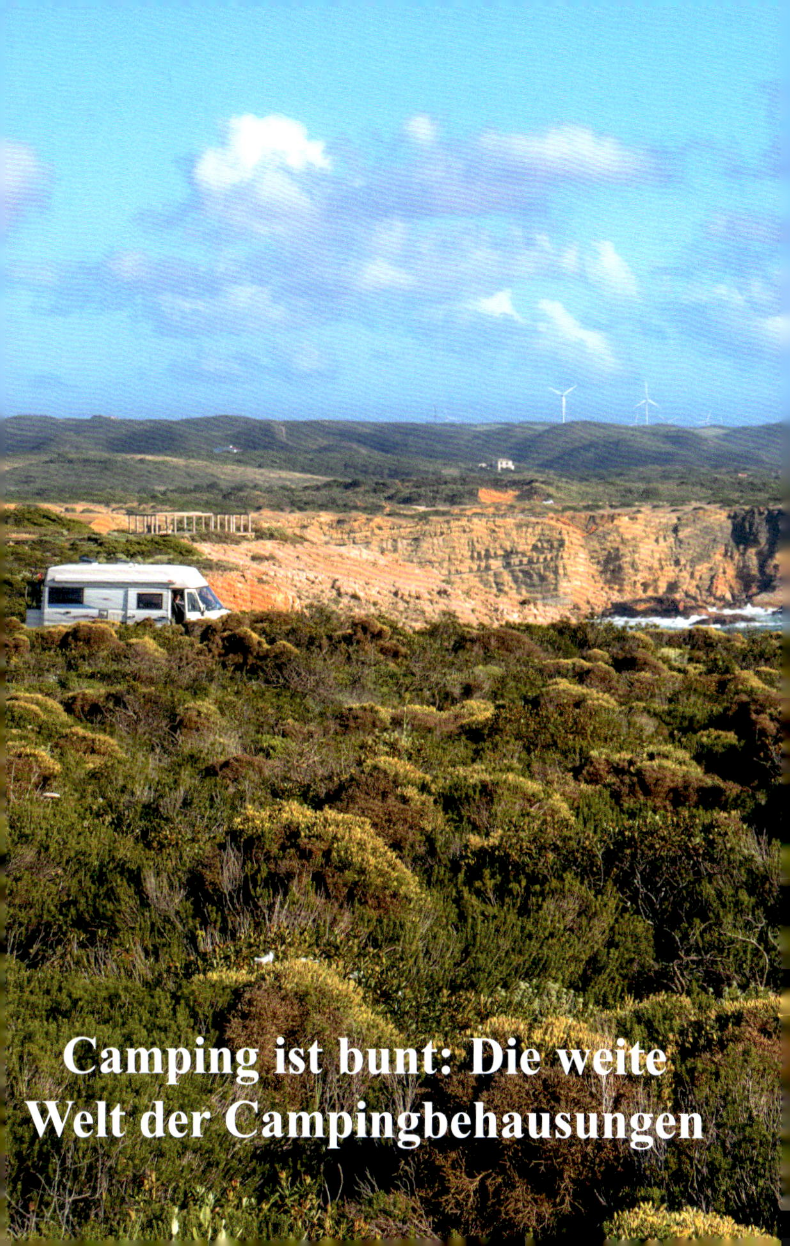

Camping ist bunt: Die weite Welt der Campingbehausungen

Die Zeiten, in denen Camping als spießig galt, sind seit geraumer Zeit vorbei. Camping ist wieder in und von der jungen Familie bis zum Großstadthipster verreisen immer mehr Menschen mit dem eigenen Dach über dem Kopf in den Urlaub.

Die Art der mobilen Unterkunft umfasst dabei ein breites Spektrum und reicht vom einfachen Pop-up-Zelt bis zum tonnenschweren XXL-Mobil mit integrierter Heckgarage für den mitfahrenden Pkw und 20 m^2 Wohnfläche zum Preis eines Penthouses. Letzteres hat zugegebenermaßen mit dem ursprünglichen Campinggedanken nur bedingt etwas zu tun, aber die beiden Extreme zeigen, wie vielfältig Camping heute ist. Zelte bieten ein ursprüngliches Naturerlebnis und ermöglichen den preiswerten Einstieg.

Komfortabler urlaubt es sich in einem Wohnwagen oder Wohnmobil. Caravans sind günstiger als ein autarkes Reisemobil und ideal, wenn es nur ab und an in den Urlaub zum Campen geht. Die höhere Investition in ein Wohnmobil lohnt sich vor allem dann, wenn es regelmäßig genutzt wird. Campingbusse schließlich schaffen den Spagat zwischen Alltag und Freizeit und eignen sich als Pkw-Ersatz genauso wie für spontane Campingausflüge am Wochenende und die Urlaubsreise.

Natürlich kann es auch durchaus sinnvoll sein, die unterschiedlichen Campingvarianten miteinander zu kombinieren. Stellt z. B. die mehrköpfige Familie ein Zelt neben dem Wohnwagen oder Wohnmobil auf, so haben die Eltern einen Rückzugsort, während die Kinder gleichzeitig ihre Freiheit im Zelt genießen können und die ganze Familie verbringt einen gemeinsamen Urlaub, ohne dass man sich zu sehr auf die Pelle rückt.

Aber welche Campingvariante passt zu wem? Auf den folgenden Seiten habe ich Ihnen die gängigsten Campingformen und deren Vor- und Nachteile zusammengestellt, damit Sie sich selbst ein Bild machen können.

Camping in Reinform: Zelte

Zelte stellen die ursprünglichste Form des Campens dar und noch immer ist die Übernachtung im eigenen Zelt durch nichts zu toppen. Während sich die Wohnmobilisten in ihren weißen Kisten verkriechen, um auf bunt flackernde Flachbildschirme zu starren, versammeln sich die Zelter um die Feuerstelle und rösten zum Klang der Gitarre Marshmallows über der knisternden Glut.

Auch wenn Preise von € 1.500 für ein modernes Familienzelt mit Luftgestänge keine Seltenheit sind, bieten Zelte nach wie vor den mit Abstand günstigsten Einstieg in das Campingerlebnis. Gute Tunnel- oder Kuppelzelte sind schon ab etwa € 200 zu haben.

Jeder Zelturlaub steht und fällt mit der richtigen Ausrüstung. Die Auswahl an geeigneten Zelten ist riesengroß und sicherlich können Sie auch mit Billigequipment aus dem Baumarkt in den Urlaub fahren und Ihren Spaß haben. Nur wird die Freude daran nicht lange anhalten und wehe, das Wetter spielt nicht mit. Gerade bei länger anhaltenden Schlechtwetterphasen trennt sich die Spreu vom Weizen.

Was zeichnet also ein gutes Campingzelt aus? Leicht aufzubauen sollte es sein, geräumig und natürlich wasserdicht. *Das* perfekte Familienzelt gibt es aber eben so wenig, wie *den* besten Schlafsack oder *den* idealen Wanderschuh.

Am Anfang der Kaufentscheidung gilt es daher, die Frage nach der benötigten Zeltgröße zu beantworten. Hier reicht das Angebot vom minimalistischen Tunnelzelt bis zum riesigen Zeltpalast, der selbst so manchen Wohnwagen mickrig aussehen lässt. Klar ist: Das Zelt muss genügend Raum für alle mitreisenden Personen samt Gepäck bieten.

Neben der absoluten Größe ist zusätzlich die Raumaufteilung des Innenraumes von Interesse. Bevorzugen Sie einen zusammenhängenden Innenraum, wie Sie ihn z. B. in vielen Tipis finden, oder möchten Sie einen getrennten Wohn- und Schlafbereich oder vielleicht sogar mehrere getrennte Schlafabteile für Erwachsene und Kinder oder unterschiedlich alte Geschwisterkinder?

Bevor Sie sich für ein bestimmtes Zelt entscheiden, sollten Sie sich außerdem Gedanken über den geplanten Einsatzzweck machen. Wollen Sie das Zelt hauptsächlich stationär an einem Campingplatz einsetzen und als „Basislager" nutzen, um von dort aus auf Tagesausflügen die Umgebung zu erkunden, oder steht ein stetiger Ortswechsel auf dem Programm? Planen Sie vielleicht sogar eine Fahrradtour von Campingplatz zu Campingplatz?

Steuern Sie mit einem ausreichend großen Auto einen Campingplatz an, dann sollte der Komfort im Vordergrund stehen. Das Zelt darf gerne etwas größer ausfallen und sollte für größere Bewegungsfreiheit im Innenraum über Stehhöhe verfügen. In einer großen Apsis mit einer Sitzecke für Campingmöbel lassen sich auch längere Schlechtwetterperioden gut überstehen.

Eine Vielzahl der Komfortfamilienzelte setzt auf die klassische Tunnelbauweise mit entsprechend großen Bögen. Als Material haben bei längerer Standdauer baumwollhaltige Gewebe einige Vorteile: Das Innenklima bleibt selbst bei starker Sonneneinstrahlung recht angenehm und bei Regen quillt die Baumwolle auf und dichtet das Außenzelt gut ab.

Steht dagegen der mobile Einsatz im Vordergrund, fallen die Präferenzen anders aus und Baumwollplanen sind aufgrund des hohen Eigengewichts nicht die beste Wahl. Hier kommt es auf einen möglichst unkomplizierten Aufbau an und mit Zeltmaterialien aus Polyester und Nylon bleiben auch größere

Zelte durchaus „tragbar". Als Bauweise kommen die klassischen Bauweisen Kuppel- oder Tunnelzelt in Frage, eine weitere Variante sind Tipis.

Ordnung muss sein
Wer mit dem Auto unterwegs ist und genügend Platz im Vorzelt hat, kann für die Aufbewahrung Klapp- oder Aufbewahrungsboxen verwenden. Getrennt nach Geschirr, Nahrungsmitteln, Badesachen und Spielzeug ist das Benötigte dann schnell gefunden.

Die typischen Zeltkonstruktionen in der Übersicht

Die Auswahl an Zelten ist riesengroß und reicht vom minimalistischen Igluzelt über Hauszelte bis zum gigantischen Zeltpalast. Grundsätzlich lassen sich die angebotenen Zelte in drei unterschiedliche Konstruktionsformen einteilen, die jeweils spezifische Vor- und Nachteile haben.

First- oder Giebelzelte

Sie sind das Urgestein der Campingzelte, bei denen das Dach mit Hilfe zweier Stangen an beiden Enden über dem rechteckigen Grundriss aufgespannt wird. In der Anfangszeit des Campingtourismus während des 20. Jahrhunderts prägten die charakteristischen, von vorne dreieckförmigen „Hundehütten" das Erscheinungsbild der Campingplätze.

Ein Firstzelt ist zwar, zumindest mit zwei Personen, recht zügig aufgebaut, aber die Nachteile gegenüber modernen Zeltformen überwiegen. Durch die

Firstzelt

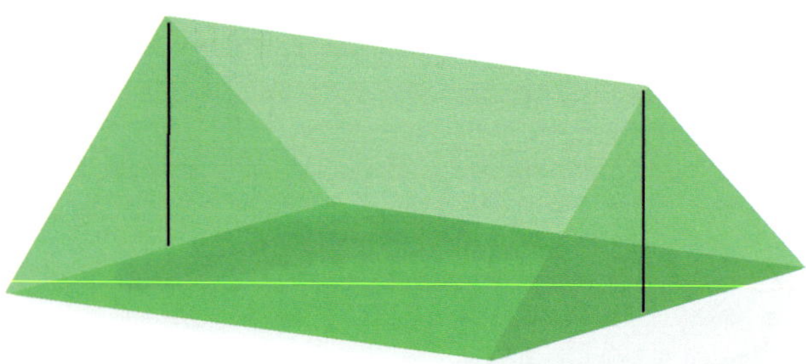

schrägen, im 45°-Winkel abfallenden Zeltwände ergibt sich eine schlechte Raumausnutzung mit entsprechend eingeschränkter Kopffreiheit und die großen Seitenwände machen die Konstruktion sehr windanfällig. Durch den einwandigen Baumwollstoff sind Firstzelte zudem recht schwer und Kondenswasser unvermeidlich und sie werden daher heute nicht mehr genutzt.

Klassische Giebelzelte sind praktisch vom Markt verschwunden und werden an dieser Stelle nur der Vollständigkeit halber aufgeführt. Auf dem Markt werden sie eigentlich nur noch als absolute Low-Budget-Modelle oder mit modernen Materialien als minimalistisches Biwak für Ultraleicht-Trekker (z. B. Hilleberg Rajd), bei dem zur weiteren Gewichtsreduzierung die Firststangen weggelassen und durch Trekkingstöcke ersetzt werden, angeboten.

Kuppelzelte

Irgendwann in den 1980ern haben die Kuppel- oder Igluzelte die klassischen Giebelzelte von den Campingplätzen verdrängt. Bei diesem Zelttyp verlaufen die beiden Gestängebögen von den Ecken des rechteckigen Grundrisses diagonal zur Grundfläche und kreuzen sich meist über dem Zeltmittelpunkt, sodass eine halbkugelförmige Kuppel aufgespannt wird.

Kuppelzelt

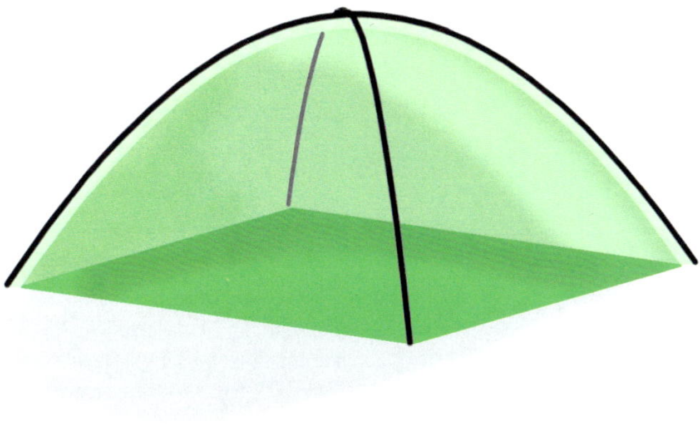

Da sich die ganze Konstruktion selbst trägt, wird im Extremfall kein einziger Hering für den Aufbau benötigt. Zumindest ein paar Abspannungen sollten Sie aber doch nutzen, denn Kuppelzelte sind recht windanfällig.

Bei der Mehrzahl der Modelle wird das Innenzelt zuerst aufgebaut, erst danach wird das Außenzelt darüber gezogen. Bei starkem Regen ist es daher kaum möglich, das Innenzelt trocken aufzubauen. Auf der anderen Seite bietet der getrennte Aufbau von Innen- und Außenzelt einen Vorteil in warmen, trockenen Regionen. Dort kann einfach im Innenzelt geschlafen und bei Bedarf das Außenzelt ergänzt werden. Für den Campingeinsatz sind Modelle mit einer zusätzlichen Firststange, mit der Sie einen oder zwei Vorräume erhalten, in denen das Gepäck untergebracht werden kann, sinnvoll.

Eine Weiterentwicklung der Kuppelkonstruktion sind die sogenannten Geodäten. Durch die Verwendung von mehr als zwei Gestängebögen, die sich in mehreren Punkten kreuzen, entsteht eine Vielzahl kleinflächiger Waben, die das Zelt extrem sturmstabil machen, weshalb diese Zeltform insbesondere als Basislager für Expeditionen zum Einsatz kommt. Auf der Negativseite stehen oft ein relativ langwieriger und komplizierter Aufbau und ein höheres Gewicht durch die zusätzlichen Gestängebögen.

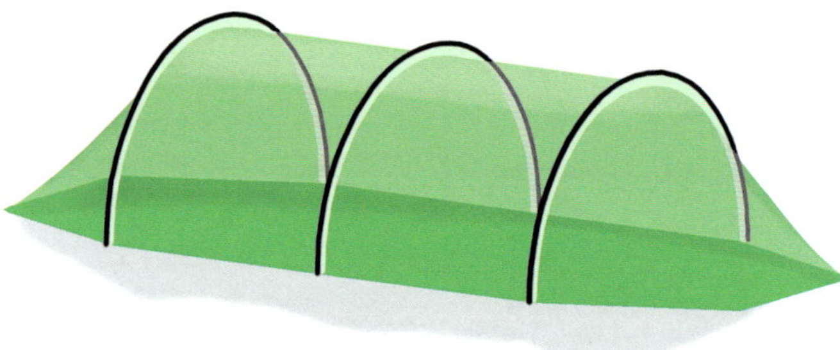

Tunnelzelt

Tunnelzelte

Neben den Kuppelzelten haben sich Tunnelzelte am Markt etabliert. Sie werden durch mindestens zwei parallel verlaufende Gestängebögen getragen. Sie bieten das beste Raum- zu Gewichtsverhältnis und der üppige Innenraum wird durch sehr große und gut nutzbare Apsiden erweitert.

Tunnelzelte sind sehr schnell aufgebaut und zwar mit dem Außenzelt zuerst, sodass das Innenzelt selbst bei starkem Regen trocken bleibt. Sie erhalten eine gute Windstabilität, wenn Sie beim Aufbau darauf achten, dass Front/Heck in Windrichtung ausgerichtet ist. Tunnelzelte stehen allerdings nicht frei, sodass Sie mindestens jeweils einen Hering an den vier äußeren Ecken in den Boden bekommen müssen, um das Zelt zu fixieren. Für eine gute Stabilität sollten zusätzlich die seitlichen Leinen gut abgespannt werden, was die Stolpergefahr allerdings erhöht.

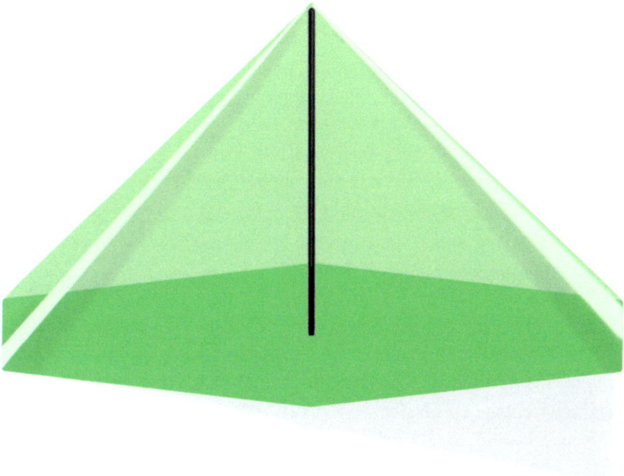

Tipi

Pyramidenzelt (Tipi)

Campen wie die Indianer: Tipis bzw. Pyramidenzelte (weitere gebräuchliche Bezeichnungen sind Kote oder Laavu) gehören zu den ältesten Zeltformen der Welt und wurden schon von den Ureinwohnern Nordamerikas und Nordskandinaviens als mobile Behausung genutzt.

Sie folgen dem Prinzip „weniger ist mehr" und kommen mit nur einer zentralen Zeltstange aus. Der Aufbau geht dabei denkbar einfach von der Hand und ist mit etwas Übung in weniger als zehn Minuten erledigt: Als erstes wird die Zeltplane ausgelegt und die Bodenseite kreisförmig am Boden mit Heringen fixiert. Dann nur noch die Mittelstange durch die geöffnete Tür einführen, aufstellen und ausrichten. Abschließend brauchen nur noch die Leinen abgespannt und, wenn vorhanden, das Innenzelt eingeknüpft werden.

Ursprünglich kamen Tipis vor allem als Basislager für Gruppen („Pfadfinderzelt") zum Einsatz. Sie bieten viel Platz und an Regentagen rücken Sie sich nicht auf die Pelle. Die Stehhöhe im Mittelbereich erspart das Herumkrabbeln auf den Knien und Sie können sich sogar im Stehen anziehen. Darüber hinaus bietet der

Kaminabzug im Dach sehr gute Belüftungsmöglichkeit und bei einigen Modellen besteht sogar die Möglichkeit, das Zelt in der kalten Jahreszeit mit einem kleinen Holzofen zu beheizen und so die Campingsaison zu verlängern.

Durch die Kombination der klassischen Zeltform mit modernen, leichten Zeltmaterialien werden Tipis aber auch zu einer interessanten Alternative für die klassischen Familienzelte, gerade wenn auf Fahrrad- oder Kanutouren ein möglichst geringes Gewicht im Vordergrund steht. Geräumiger Platz für 4 Personen bei einem Gewicht von nur 4 kg (z. B. beim tentipi Zirkon 5 light) – das gibt es bei kaum einer anderen Zeltform!

So verwundert es kaum, dass die Tipizelte in den letzten Jahren wiederentdeckt wurden und eine große Fangemeinde erobert haben. Zusätzlich zur klassischen Pyramidenform sind auch zahlreiche Sonderformen entstanden, die das Tipi mit anderen Zeltformen kombinieren, um sozusagen das Beste aus allen Welten zu bieten.

Mein persönlicher Favorit für Zelttouren mit dem Rad oder Kanu ist das Wigloo von Bergans (Foto siehe Cover, Seite 2-3). Der Hybrid aus Kuppelzelt und Tipi bietet ausreichend Platz für vier Personen (alternativ gibt es auch eine größere Variante für sechs bis zehn Personen). Durch die drei zusätzlichen Gestängebögen entstehen an den Seiten zwei kleinere Apsiden und ein großer Haupteingang mit viel Platz für umfangreiches Gepäck und dank der Mittelstange entsteht ein angenehm hoher Innenraum. Zahlreiche Utensilientaschen helfen dabei, Kleinkram und Kinderspielzeug in Griffweite aufzubewahren und so Ordnung zu halten und die große Öffnung oberhalb der Mittelstange erlaubt hervorragende Belüftungsmöglichkeiten. Das Wigloo bietet aber nicht nur ausreichend Platz und viel Komfort, sondern eröffnet als vollwertiges Vierjahreszelt völlig ungeahnte Möglichkeiten. Wer möchte, kann dank der großen Snowflaps sogar im Schnee zelten gehen.

	Aufbau	**Platzangebot**	**Anmerkung**
Kuppelzelt	▲▲▲	▲▲▲	selbsttragende Konstruktion, steht bereits mit wenigen Abspannungen stabil
Tunnelzelt	▲▲▲▲▲	▲▲▲▲	großer Vorraum (Apsis) für das Gepäck
Tipi	▲▲▲▲	▲▲▲▲▲	in der Mitte oftmals Stehhöhe, einige Modelle mit Zeltofen beheizbar

Wurfzelte

Noch vor ein paar Jahren waren Wurfzelte schwer in Mode. Sie versprechen einen unkomplizierten Aufbau und statt sich mit verhedderten Stangen herumzuärgern oder komplizierte Aufbauanleitungen studieren zu müssen, reicht es, die Schlaufe, von der das zusammengelegte Zelt zusammengehalten wird, zu lösen und das Zelt in die Luft zu werfen. Wie von Zauberhand springt das Zelt durch die Spannung des integrierten Zeltgestänges in Sekundenschnelle in die fertige Position. Nachdem es sich quasi von selbst aufgebaut hat, braucht es nur noch mit ein paar Abspannseilen und Heringen gesichert werden.

Wurfzelte sind recht günstig und bieten Platz für zwei, maximal drei Personen. Die Ausstattung ist spartanisch und in der Regel besteht ein Wurfzelt aus nicht mehr als Gestänge und Zelthaut. Dabei handelt es sich ausnahmslos um Einwandkonstruktionen, da die Zelte durch ein zusätzliches Innenzelt nicht mehr von selbst aufspringen würden. Wurfzelte eignen sich daher allenfalls für gelegentliche, sommerliche Campingausflüge zu zweit.

Sobald das Zelt wieder abgebaut und zusammengelegt werden soll, beginnt die eigentliche Herausforderung. Denn es sind Geduld und Übung gefragt, bis Sie den richtigen Dreh raushaben und das Gestänge richtig ringförmig über Kreuz ineinander verdreht haben, bis das Zelt zu einer Scheibe zusammengelegt ist. Entsprechend unhandlich ist auch das Packmaß. Vorsicht: Die falsche Handhabung führt schnell zum Gestängebruch – sicher auch mit ein Grund, warum die Pop-up-Zelte inzwischen kaum noch auf Campingplätzen zu sehen sind.

Zelte mit Luftgestänge

Nach dem Wurfzelttrend kam der Luftzelttrend. Und anders als die Pop-up-Zelte stellen die „Luftikusse" durchaus eine interessante Alternative für das Camping mit Zelt dar. Der Clou dabei: Die Zeltstangen werden durch sehr widerstandsfähige Luftschläuche ersetzt.

So gehören Stress und Streitereien beim Herumhantieren mit dem Zeltgestänge („Wo kam dieses Teil nochmal hin?") ebenso der Vergangenheit an, wie fehlende oder kaputte Stangen.

Um ein Luftzelt aufzubauen, wird einfach die Zeltplane ausgelegt, dann werden die Luftkammern des Rahmens mit einer Handpumpe oder einem Kompressor aufgepumpt und in nur wenigen Minuten stellt sich das Zelt quasi von selbst auf. Oftmals ist das Innenzelt mit an der Außenhülle befestigt und wird gleich mit aufgespannt, sodass Sie nur noch die Leinen abspannen und Heringe in den Boden schlagen müssen.

Die ganze Konstruktion ist dabei äußerst robust und da die Luftkanäle biegsam sind, ist deren Belastungsfähigkeit bei Wind sogar höher als bei einem herkömmlichen Metallgestänge. Selbst wenn es kräftiger pustet und sich das Zelt im Wind neigt, stellt sich anschließend alles wieder auf, es besteht aber keine Bruchgefahr.

Mit ein wenig Anstrengung und viel Eifer schaffen auch die Kleinsten den Aufbau

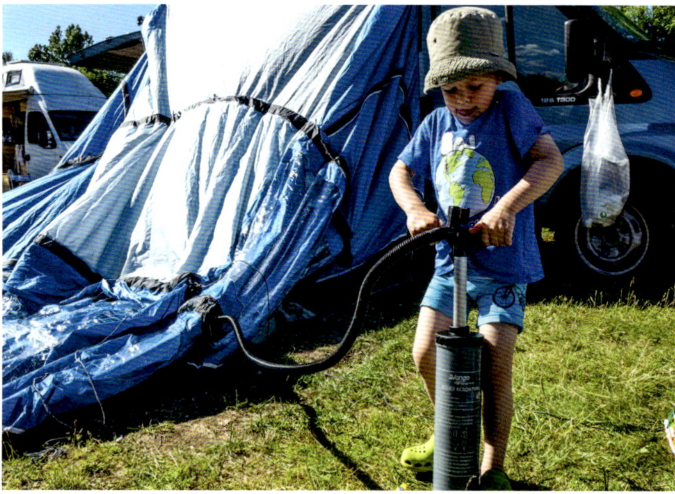

☺ Etwas Vorsicht ist bei hohen Temperaturen im Sommer angebracht. Da sich warme Luft bekanntlich ausdehnt, sollten Sie rechtzeitig Luft ablassen bzw. die Luftschläuche von vorneherein nicht zu stark aufblasen, damit der Druck in den Kammern nicht zu groß wird.

Und wie steht es um den Abbau? Der ist fast noch einfacher erledigt als der Aufbau: Es reicht, die Ventile der Luftschläuche zu öffnen, schon sinkt der Zeltpalast in sich zusammen. Nun braucht das Zelt nur noch in Richtung der Ventile zusammengerollt werden, damit die restliche Luft aus den Schläuchen gepresst wird, und schon kann das ganze Paket verpackt werden.

Leichter als ihre Gestängekollegen sind die Luftzelte leider nicht und da bei den meisten Modellen Außenzelt, Bodenplane und Innenzelt fest miteinander verbunden sind, kommt ein ordentliches Paket zusammen, für das bei dem Transport entsprechend viel Platz im Kofferraum benötigt wird.

Aufblasbare Familienzelte geben daher ein prima Basislager ab, wenn es für mehrere Tage stationär auf einen Campingplatz geht. Nur die Pumpe dürfen Sie nicht vergessen, denn die ist das wichtigste Werkzeug beim Aufbau des Luftschlauchgestänges.

Gestänge und Zeltmaterial

Durch die Auswahl eines leichten Zeltes lässt sich ordentlich an Gewicht und Transportkapazität einsparen. Für das Zeltgestänge sind Aluminiumlegierungen das Material der Wahl. Sie sind leichter, steifer und stabiler als das Glasfibergestänge von Billigzelten aus dem Baumarkt oder Discounter. Natürlich gibt es auch Aluminiumgestänge in unterschiedlichen Qualitäten und hochwertigere Gestänge sind durch ihre Oberflächenbehandlung wie das Eloxieren oder eine Lackierung bestens gegen Witterungseinflüsse und vor Korrosion geschützt.

Zeltgestänge aus Carbon bieten das beste Stabilitäts-Gewichts-Verhältnis

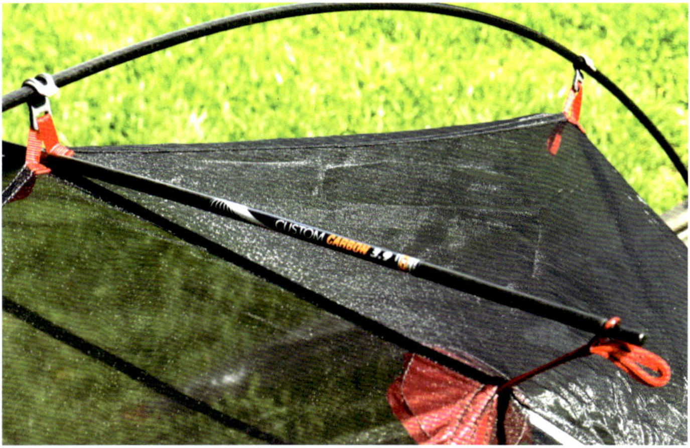

Die Zelthaut muss in erster Linie wasserdicht sein. Einen Anhaltspunkt dafür liefert die sogenannte Wassersäule. Dazu werden 10 cm^2 des Zeltstoffs über einen Testzylinder gespannt und es wird gemessen, bis zu welcher Höhe Wasser eingefüllt werden kann, bevor sich Tropfen durch das Material drücken.

Das Naturprodukt Baumwolle als quasi Ur-Zeltmaterial ist heute fast komplett durch Polyester und Nylon ersetzt, da Baumwollstoffe vergleichsweise schwer und weniger reißfest sind als die modernen Materialien.

Recht robust bei gleichzeitig moderatem Gewicht ist Polyester. Zelthäute aus Polyester dehnen sich im nassen Zustand kaum aus, bei Wind stellt sich aber leicht das Gefühl ein, man campiere direkt unter einem Arsenal von Flaggenmasten: Polyester beginnt recht schnell recht stark zu flattern.

Leichter als Polyester, aber dennoch robust ist Nylon. Allerdings nehmen die Fasern Wasser auf und dehnen sich aus – daher müssen Sie im Regen meist noch einmal raus, um die Leinen nachzuspannen.

Um diese Dehnung bei Nässe zu verringern, aber auch um das Zeltmaterial reißfester zu machen, werden einzelne, besonders starke Fäden eingewebt (Ripstop-Verfahren). Um die Wasserdichtigkeit zu erhöhen, kommen verschiedene Beschichtungen zum Einsatz. Eine hohe Wassersäule, allerdings auch eine hohe Empfindlichkeit gegen UV-Strahlung garantiert eine Polyurethan(PU)-Beschichtung. Silikon(SI)-Beschichtungen hingegen sind zwar weniger wasserdicht, dafür aber deutlich unempfindlicher gegen Sonneneinstrahlung und somit langlebiger.

Das Material bestimmt zu einem großen Teil die Eigenschaften und daher die Wahl des Zelts. PU-beschichtetes Polyester ist der Standard für hochwertige und zuverlässige Zelte, die sich zudem leicht handeln lassen. Einmal aufgebaut und richtig abgespannt, brauchen Sie sich für den Rest des Urlaubs nicht mehr um das Zelt zu kümmern. Das Nonplusultra für Trekkingtouren hingegen (und immer, wenn maximale Leistung bei minimalem Gewicht gefragt ist) sind die Zelte aus Polyamid (Nylon), deren Silikon-Beschichtung besonders langlebig ist und das Material noch einmal robuster macht. Sie erfordern aber etwas mehr Aufwand, wie das regelmäßige Nachspannen, da sich das Material bei Nässe ausdehnt.

Baumwolle kommt in aktuellen Zelten nur noch als Mischgewebe (Technical Cotton) vor, das in der Regel aus einem Drittel Baumwolle und zwei Dritteln Polyester besteht. Die Stärke dieser Zelte ist vor allem das angenehme Klima bei hohen Temperaturen. Aufgrund des höheren Gewichts eignen sie sich aber nur für das Camping mit dem Auto.

Zeltzubehör

Zum Standardlieferumfang der meisten Zelte gehören ausreichend Heringe und extra Sturmabspannleinen. Recht häufig ist außerdem noch eine Reparaturhülse dabei, die im Fall eines Gestängebruchs über die Bruchstelle geschoben wird. Diese Reparaturhülse sollte bei einem längeren Urlaub daher auf keinen Fall im Gepäck fehlen.

Im Laufe der Zeit werden die Zeltnähte undicht. Abhilfe schafft sogenannter Nahtdichter, um die Nähte zu behandeln und den Wassereintritt an diesen Stellen

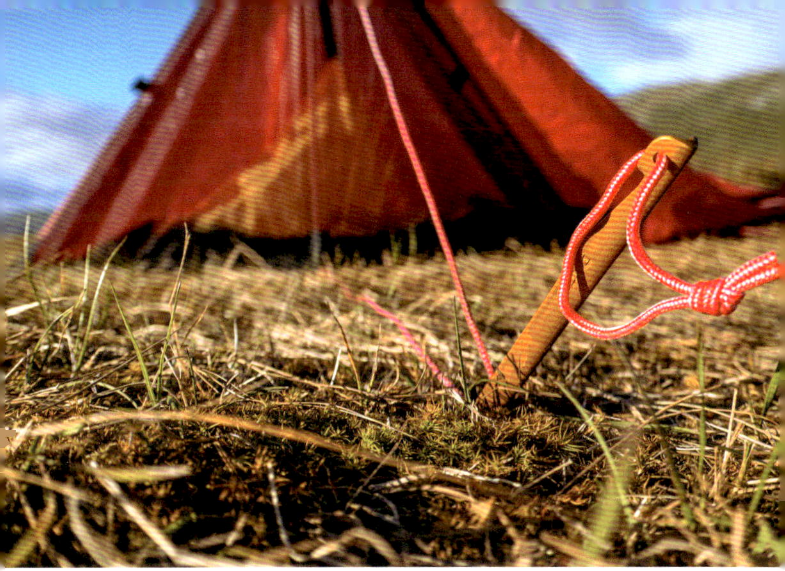

Heringe und Abspannleinen sorgen für gute Bodenhaftung

zu verhindern. Allerdings legen nur die wenigsten Hersteller standardmäßig eine Tube davon in den Zeltsack, sodass Sie diesen in der Regel separat erwerben müssen, wobei zu bedenken ist, dass flüssiger Nahtdichter deutlich einfacher zu verarbeiten ist als Nahtband.

Um die Lebensdauer eines Zeltes zu verlängern, ist der Einsatz einer Bodenplane zu empfehlen. Praktisch alle Hersteller bieten diese passgenau als kostenpflichtiges Extra zu ihren Zelten an. Das zusätzliche Geld ist gut investiert, denn eine Bodenplane schützt wirkungsvoll vor Dornen, Steinchen und allen anderen Gegenständen, die den Zeltboden perforieren könnten. Einen sorgfältigen Aufbau vorausgesetzt, damit sich kein Wasser zwischen Zeltboden und Plane sammeln kann, wird zudem gleichzeitig die Wasserdichtigkeit des Zeltbodens erhöht.

Kleines Einmaleins der Zeltheringe

Wie der Zelthering zu seinem Namen kam, können Sprachforscher nicht endgültig beantworten. Vielleicht weil seine Form an die eines schlanken Fisches erinnert? Oder ist es die Beschreibung seiner Funktion durch das lateinische *haerere*, was so viel bedeutet wie „hängen bleiben" und gleichzeitig die manchmal verwendete Schreibweise mit „ä" erklären würde?

In jedem Fall gilt: Damit Zelte (und natürlich auch Vorzelte, Pavillons, Markisen und Tarps) bei Schlechtwetter am Boden bleiben und nicht im Wind flattern, müssen diese sorgfältig mit Heringen im Boden verankert werden.

Spätestens, wenn die nächste Schlechtwetterfront naht, ist es daher an der Zeit, die Abspannleinen an der Zelthaut nicht mehr nur als nutzlose Deko herunterbaumeln zu lassen. Durch das Abspannen werden Innen- und Außenzelt auf Abstand gehalten und die Standfestigkeit im Wind erhöht. Aufgrund der Stolpergefahr sind Wege für das Abspannen natürlich tabu und wer ganz sicher gehen will, markiert die gespannten Leinen mit Handtüchern, Zeltsack oder ähnlichem.

☺ Die Sturmleinen dehnen sich bei Nässe aus: Vor dem Schlafengehen das Nachspannen der Leinen nicht vergessen!

In der Regel gehört zum Lieferumfang des Zeltes eine Grundausstattung an Heringen. Zusätzlich finden Sie im Handel eine breite Auswahl an weiteren Spezialheringen, um einen optimalen Halt auf unterschiedlichen Untergründen zu erzielen und so das Zelt in jeder Situation vernünftig und sicher aufzubauen. Das beste Verhältnis von Stabilität zu Gewicht bieten Aluheringe. Heringe aus Kunststoff sind weniger für den Dauereinsatz geeignet.

Als Grundregel gilt dabei: Je dichter der Boden, desto dünner darf der Hering sein.

- ▷ Ausreichend Halt auf losem Untergrund wie Sand oder Schnee bieten nur sehr lange und breite Heringe.
- ▷ Für weiche Erdböden wie Wald oder Wiese eignen sich Heringe mit einem U-, V-, oder Y-Profil.
- ▷ Auf hartem Untergrund wie Eis oder Lehm sind Heringe mit möglichst kleiner Oberfläche gefragt („Zeltnagel").

☺ Muss das Zelt auf Fels aufgebaut werden (Stichwort: Seekajaktour durch die schwedischen Schären), so ist Kreativität gefragt: Als gute Alternative zum Abspannen des Zeltes eignen sich Bäume, Felsbrocken oder Wurzeln.

Basecamp auf Rädern: Wohnwagen

Komplett möblierte Wohnanhänger waren die ersten Fahrzeuge, mit denen es sich komfortabel unterwegs sein ließ, ohne dass der Reisende dabei auf ein bequemes Bett, fließend Wasser und weitere Annehmlichkeiten verzichten musste.

Neben dem eigenen Hausstand mit Bett (hoch über dem Boden!), Küchenzeile mit Kühlschrank und bei manchen Modellen auch Sanitärraum sind für viele sicher die festen Wände ein entscheidender Unterschied und Vorteil im Vergleich zum Zeltcamping. So werden Sie beim Camping mit dem Wohnwagen unabhängiger vom Wetter und mit Hilfe der Gasgebläseheizung ergibt sich eine deutliche Verlängerung der Campingsaison.

Trotz der starken Konkurrenz durch die Vielzahl an alternativen Campingbehausungen hat der „gute, alte" Wohnwagen noch lange nicht ausgedient und erfreut sich nach wie vor großer Beliebtheit.

Auch wenn es auf dem Markt natürlich „autarke" Wohnwagen gibt, die z. B. eine Wohnraumbatterie an Bord haben, bleiben Sie beim Reisen mit dem Caravan auf Campingplätze mit einer guten Ver- und Entsorgung beschränkt, da das begrenzte Volumen des Frischwassertanks nicht für längeres Freistehen ausreicht und oftmals auch fest installierte Abwassertanks fehlen. Dafür sind Wohnwagen, die ja definitionsgemäß nicht über einen eigenen Antrieb verfügen, in der Anschaffung um einiges günstiger als ein Wohnmobil.

Aus dem einfachen Grundprinzip des auf ein Anhängerchassis gebauten Wohnbereichs mit Betten, Sitzecke, Kochzeile, Nasszelle und jeder Menge Stauraum machen die Hersteller eine unglaublich breite und vielfältige Modellpalette mit den unterschiedlichsten Abmessungen und Grundrissen, vom kuscheligen Minianhänger über ein komfortables Mittelklassefahrzeug mit Schlafplätzen für bis zu sechs Personen bis hin zum rollenden Luxusappartement ist alles möglich. Familiencaravans z. B. zeichnen sich durch zwei Schlafplätze für die Erwachsenen und Etagenbetten für die Kinder aus. So findet sich für jeden Geschmack und jeden Anspruch der perfekte Wohnwagen.

Folgende Grundüberlegungen helfen bei der Suche nach dem eigenen Traumwohnwagen:

- ▷ Wie viele Schlafplätze werden benötigt?
- ▷ Stimmt die Anordnung und Größe der Sitzgruppe?
- ▷ Passt der Grundschnitt mit Bett, Bad und Küche?
- ▷ Wie viel Gewicht kann mein Auto ziehen?
- ▷ Wie lang und wie breit sollte der Wohnwagen sein?

Auf der Suche nach einem Wohnwagen stoßen Sie beim Stöbern auf den Internetseiten oder in den Katalogen schnell auf die mitunter kryptischen Zahlen- und Buchstabenkombinationen in den Bezeichnungen der einzelnen Modelle. Beim näheren Hinsehen geben diese Kürzel detailliert Aufschluss über die Ausstattung und Raumaufteilung des jeweiligen Caravans.

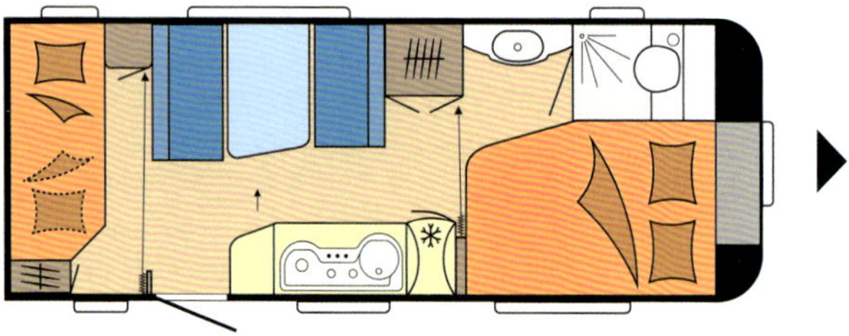

Grundriss des Hobby Deluxe 540 KMFe © Hobby

Der abgebildete Grundriss zeigt z. B. das Familienmodell „de Luxe" des Caravanherstellers Hobby. Die Zahl 540 kennzeichnet die Länge des Wohnwagens, die Buchstabenkürzel stehen für:

K = Kinderbetten
M = Mittelsitzgruppe
F = französisches Bett
e = externer Waschraum

Ein einheitliches System für die Buchstabenkürzel zur Innenausstattung gibt es aber leider nicht und so bleibt Ihnen nichts anderes übrig, als in den Katalogen der Hersteller nach der Bedeutung der Abkürzungen zu suchen.

☺ Viele Wohnwagenhersteller bieten auf ihrer Internetseite einen recht komfortablen Modellfinder. Nach der Eingabe einiger Kriterien, wie z. B. der Anzahl der gewünschten Schlafplätze und der Bettenart, werden Ihnen die zu Ihren Vorstellungen passenden Modelle aus dem umfangreichen Angebot herausgefiltert.

Steckbrief Wohnwagen

\+ höhere Mobilität vor Ort, da Zugfahrzeug abkoppelbar
\+ Zugfahrzeug lässt sich einfach austauschen
\+ großes Platzangebot
\+ geringere Anschaffungs- und Unterhaltskosten als bei Reisemobilen
\- Rangieren und Rückwärtsfahren erfordert Fingerspitzengefühl und viel Übung.
\- Tempolimit von maximal 80 km/h (bzw. mit spezieller Zulassung bis zu 100 km/h)
\- im Vergleich zum Reisemobil aufwändiger Auf- und Abbau

Bekannte Hersteller: Dethleffs („Erfinder" des Wohnwagens), Fendt-Caravan, Knaus Tabbert, Adria, Bürstner, Hobby, LMC, Sterckeman, Sunlight, Carado, Weinsberg
Preis: ab € 10.000 (Kompaktcaravan), ab € 15.000 (Mittelklasse), ab € 25.000 (Luxus-Großraum-Caravan)
Ideal geeignet für: Campinganfänger, Familien mit mehreren Kindern, stationäre Urlaube auf einem Campingplatz, Dauercamper

Der Schein trügt nicht: Die richtige Lizenz zum In-den-Urlaub-fahren

Das zulässige Gesamtgewicht entscheidet darüber, welche Führerscheinklasse Sie zum Führen des jeweiligen Reisemobils bzw. Pkw-Caravan-Gespanns benötigen. Gerade bei der Anmietung im Ausland sollten Sie vorab genau prüfen, ob der eigene Führerschein für das gewählte Fahrzeug ausreicht. Wer ohne gültige Fahrerlaubnis unterwegs ist, riskiert nicht nur hohe Strafen, sondern unter Umständen auch den Verlust des Versicherungsschutzes.

Fein raus sind alle Besitzer eines alten Führerscheins Klasse 3 („roter Lappen"), mit dem auch große Wohnmobile bis zu einem zulässigen Gesamtgewicht von 7,5 t gefahren werden dürfen. Bei Pkw-Caravan-Gespannen sind damit theoretisch sogar bis zu 18,5 t Gesamtgewicht möglich.

Wer seinen Pkw-Führerschein dagegen nach 1998 erworben hat (Klasse B), darf nur Fahrzeuge bis zu 3,5 t bewegen. Für größere Fahrzeuge mit zwischen 3,5 und 7,5 t zulässigem Gesamtgewicht wird zusätzlich die Klasse C1 benötigt, die jeweils nach fünf Jahren durch die Vorlage einer Gesundheits- und Augenuntersuchung verlängert werden muss. Mit der Klasse B darf das Zugfahrzeug maximal mit einem Anhänger von bis zu 750 kg kombiniert werden. Für die meisten Wohnwagengespanne ist daher die Erweiterung B96 erforderlich, die Sie nach einer eintägigen Fahrschulung erhalten und die Fahrzeugkombinationen mit einer Gesamtmasse von bis zu 4,25 t erlaubt. Für noch schwerere Anhänger (zulässiges Gesamtgewicht des Anhängers bis 3,5 t) wird der Führerschein der Klasse BE benötigt. Für seinen Erwerb sind Pflichtfahrten sowie eine Prüfung erforderlich.

Wenn der Weg das Ziel ist: Wohnmobile

Ein Wohnmobil kombiniert Fahren und Wohnen in einem Fahrzeug. Reisemobile sind daher ideal für Roadtrips nach dem Motto „Der Weg ist das Ziel". Auch spontane Kurztrips sind kein Problem, denn das Freizeitgefährt ist direkt einsatzbereit. Im Gegenzug sind Sie mit einem Wohnmobil vor Ort allerdings weniger mobil als mit einem Caravangespann, bei dem Sie den Pkw einfach abkoppeln können, sobald Sie am Urlaubsort angekommen sind.

Während der Fahrt dagegen punkten Reisemobile mit einem im Vergleich zur Pkw-Wohnwagen-Kombination einfacheren Handling. Auch bei der Wahl des Übernachtungsplatzes sind autarke Wohnmobilisten im Vorteil und können neben Campingplätzen auch spezielle Stellplätze ansteuern (☞ Schlafplatz gesucht), deren Netz ständig wächst und die z. T. sogar kostenlos genutzt werden können. Das Abstellen von Wohnwagen ist auf solchen Stellplätzen dagegen nicht immer erlaubt.

Die Bandbreite der Bauformen von Wohnmobilen ist enorm und reicht vom Hochdachkombi, der zu einem Minicamper ausgebaut wird, bis zum Luxusliner mit ausfahrbarem Erker für den Preis eines soliden Einfamilienhauses. Dazu gesellen sich zahlreiche Sonderformen wie Expeditionsmobile auf Basis eines Lkws oder Unimogs mit Allradantrieb, sodass die Reise nicht dort enden muss, wo die Straße aufhört.

Jeder Wohnmobiltyp hat dabei seine Vor- und Nachteile. Um die Suche nach dem richtigen Wohnmobil einzugrenzen, helfen ein paar grundlegende Fragen:

- ▷ Welches Reisemobil darf mit dem eigenen Führerschein überhaupt gefahren werden?
- ▷ Wie hoch ist das Budget?
- ▷ Wie viele Personen sollen mitfahren? ✋ Achtung: Die Zahl der Schlafplätze entspricht nicht zwangsläufig der Anzahl an Gurtsitzplätzen!
- ▷ Wohin geht die Reise? Städtetrips stellen andere Ansprüche an das Gefährt als eine Fernreise. Während für die Fahrt in den sonnigen Süden eine gute Belüftung und ein üppiger Kühlschrank benötigt werden, freuen Sie sich bei der Fahrt ans Nordkap bei wechselhaftem Wetter über eine gemütliche, geräumige Sitzgruppe.
- ▷ Wie sieht der ideale Grundriss aus? Soll es ein kuscheliges Doppelbett sein, braucht jeder sein eigenes Bett oder passen doch Stockbetten besser?

Sie sehen schon, die Entscheidung für das richtige Wohnmobil fällt nicht einfach und je genauer Sie sich vorab Gedanken machen und je exakter Sie die Anforderungen an Ihr Traummobil benennen, desto besser. Auf den folgenden Seiten finden Sie einen übersichtlichen Vergleich der typischen Reisemobilformen vom Campingbus bis zum vollintegrierten Wohnmobil, damit Sie leichter entscheiden können, welches Wohnmobil am besten für Ihre Ansprüche geeignet ist.

Vor dem Kauf sehr zu empfehlen ist auch der Besuch einer der zahlreichen Campingmessen (☞ Umschlag), um die unterschiedlichen Reisemobile live zu erleben und selbst ausprobieren zu können. Eine gute Möglichkeit, um eine teure

Fehlinvestition zu vermeiden, ist auch, sich zunächst ein Wohnmobil zu mieten (☞ Camping auf Probe), um während des Urlaubs im Selbstversuch herauszufinden, ob das Wohnmobil wirklich den eigenen Vorstellungen entspricht.

Kompakte Alltagsfluchtfahrzeuge: Campingbusse

Der Campingbus ist so etwas wie die Urform des Wohnmobils und bereits in den 1950er-Jahren machte die Firma Westfalia den ersten VW-Bus mit einem Ausbausatz zum rollenden Urlaubsdomizil.

Noch heute genießt der „Bulli", inzwischen in der sechsten Generation, einen legendären Ruf unter Campingfreunden. Zu den serienmäßigen California-Varianten gesellt sich eine lange Liste alternativer Ausbauer, deren Angebote zwar nicht zwangsläufig günstiger sind, dafür aber sehr maßgeschneiderte Lösungen für die unterschiedlichsten Ansprüche bieten. Von der Minimalausstattung für den Wochentrip oder Festivalbesuch bis zum Expeditionsmobil mit Allradantrieb und Komplettausstattung ist alles möglich.

© *Pössl*

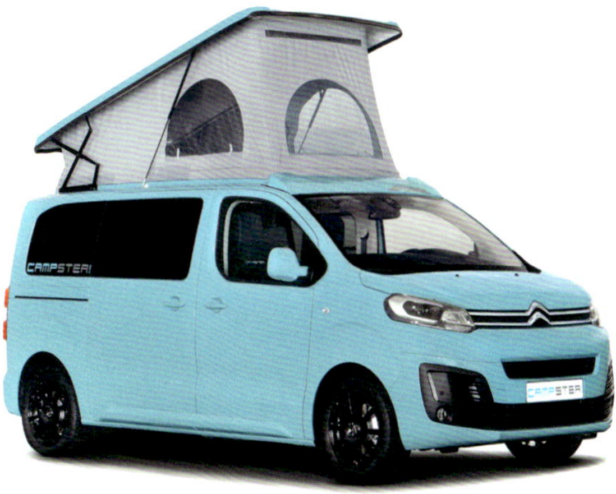

Dank seines angenehmen, Pkw-ähnlichen Fahrgefühls blieb der VW-Bus lange Zeit konkurrenzlos. Die übrigen Autobauer konzipierten ihre Kleintransporter dagegen eher als Nutzfahrzeuge, die sich durch lärmende Motoren und andere Unannehmlichkeiten als Basis für Freizeitmobile disqualifizierten.

Glücklicherweise hat sich das in den letzten Jahren geändert und so gibt es inzwischen zahlreiche interessante Alternativen in der Bulli-Klasse, wie z. B. Ford Westfalia Nugget (Ford Transit Custom Kombi), Adria Active (Renault Trafic) oder Pössl Campster (Citroën Spacetourer).

Alle diese Fahrzeuge kombinieren eine komplette Campingausstattung mit absolut alltagstauglichen Abmessungen, wodurch auch der Kraftstoffverbrauch im Vergleich zu einem großen Wohnmobil geringer ausfällt. Mit einer Länge von maximal 5 m lassen sie sich selbst in Innenstädten problemlos manövrieren und passen auf jeden Parkplatz. Morgens die Kinder in die Kita bringen, nach dem Büro am Freitag spontan einen Campingplatz ansteuern oder auch mal ein größeres Möbelstück transportieren? Mit einem Campingbus ist das alles kein Problem.

Die Wohnausstattung umfasst in der Regel einen Kochbereich mit Kochstelle, Kühlschrank und Spüle. Fahrer- und Beifahrersitz sind drehbar und werden nach dem Parken in den Wohnraum integriert. Die Sanitärausstattung beschränkt sich in den allermeisten Fällen auf eine tragbare Toilette („Porta Potti") – eine Duschmöglichkeit gibt es allerdings oftmals nur in Form einer Außenbrause.

Insgesamt ist das Raumangebot natürlich begrenzt, das gilt insbesondere für die Staumöglichkeiten. Zum Schlafen wird die Sitzbank im Fond zum Bett umgeklappt. Mehr Komfort oder zwei zusätzliche Schlafplätze für dann insgesamt vier Personen gibt es mit einem Aufstell- oder Hochdach.

Steckbrief Campingbus

\+ kompakt und wendig (oftmals sogar tiefgaragentauglich)
\+ sehr flexibel (Pkw-Ersatz, Reisemobil und Transporter in einem)
\- begrenzter (Stau-)Raum

Typische Basisfahrzeuge: VW T6, Mercedes-Benz Viano, Ford Transit Custom, Renault Trafic
Preis: ab € 40.000
Ideal geeignet für: Alleinreisende und Paare, eingeschränkt auch für Kleinfamilien

Die schlanke Alternative zum Wohnmobil: Kastenwagen

Kastenwagen sind nicht auf den ersten Blick als Wohnmobil zu erkennen, bieten aber die komplette Unabhängigkeit für autarkes Reisen. Die Ausstattung ist etwas umfangreicher als bei Campingbussen und der auffälligste Unterschied ist sicherlich die separate Nasszelle mit fest installierter Toilette und Dusche.

Der Wohnraum fällt etwas großzügiger aus als bei einem Campingbus und bietet in der Regel durchgehend Stehhöhe. Insgesamt ist der Komfort etwas höher und so lassen sich Betten, Sitzgruppe und Kochnische in der Regel ohne Umbauten nutzen.

Dem begrenzten Platzangebot geschuldet zeigt sich der Grundriss dabei erstaunlich einheitlich. Bis auf wenige Ausnahmen folgt er dem Schema: Querbett hinten, Küche an der seitlichen Schiebetür, Bad auf der gegenüberliegenden Seite und Sitzgruppe (oftmals in Verbindung mit drehbaren Fahrersitzen) vorne. Stauraum gibt es in den Schränken über und unter dem Bett.

Die kürzesten Kastenwagen sind etwa 5,4 m lang (z. B. Fiat Ducato) und Sie sind damit sowohl in Innenstädten wie auch auf engen, kurvenreichen Straßen bequem unterwegs und es reicht eine kleine Stellfläche.

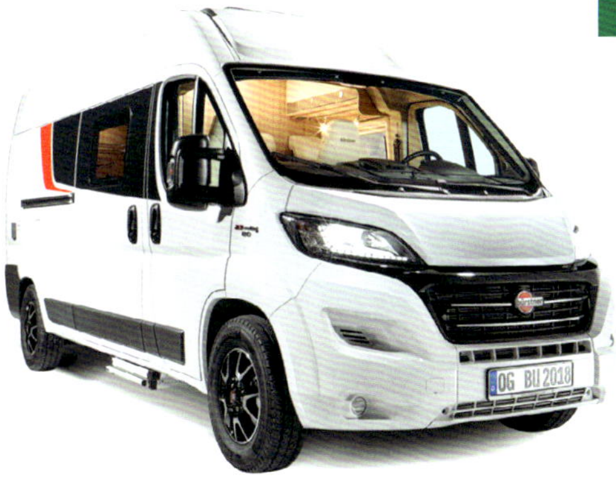

City Car C600 © Bürstner

Steckbrief Kastenwagen

+ größerer (Stau-)Raum als beim Campingbus
+ eigener Sanitärraum
+ durchgehend Stehhöhe
- weniger alltagstauglich als ein Campingbus (höherer Verbrauch, größere Abmessungen)

Typische Basisfahrzeuge: Fiat Ducato, Mercedes-Benz Sprinter, Renault Master, Citroën Jumper, Peugeot Boxter
Preis: ab € 40.000
Ideal geeignet für: Alleinreisende und Paare

Familie auf Reisen: Alkovenwohnmobile

Die charakteristische Wölbung der Schlafnische über dem Fahrerhaus macht die Silhouette von Alkovenmobilen so unverwechselbar, dass ihr Piktogramm auf den Straßenschildern als Sinnbild für Wohnmobile im Allgemeinen verwendet wird.

Im Alkoven ist ein festes Doppelbett untergebracht. Die zwei Schlafplätze stehen ohne Umbauten sofort zur Verfügung, sind allerdings nur über eine Leiter zu erreichen. So entsteht ein zusätzliches Raumangebot im Wohnbereich, das für ein weiteres Heckbett oder eine Sitzgruppe genutzt werden kann. Alkovenmobile sind daher vor allem bei Familien beliebt und bieten bis zu sieben (!) Schlafplätze.

Mit einem großen Angebot an unterschiedlichsten Grundrissen gehen die Hersteller auf die vielfältigen Ansprüche und Gewohnheiten ihrer Kunden ein. Ein Klassiker ist die große Hecksitzgruppe, von der Sie nicht nur eine schöne Aussicht haben, sondern auch in gemütlicher Runde beieinandersitzen können. Eine Alternative sind zwei gegenüberliegende Sitzbänke („Dinette“) in Kombination mit einer Längssitzbank. Zwei getrennte Sitzgruppen dagegen eröffnen die Möglichkeit, dass die einzelnen Teilnehmer der Besatzung ungestört ihren Interessen nachgehen können und die Kinder z. B. einen eigenen Spiel- und Malbereich bekommen.

Dethleffs Trend A © Dethleffs

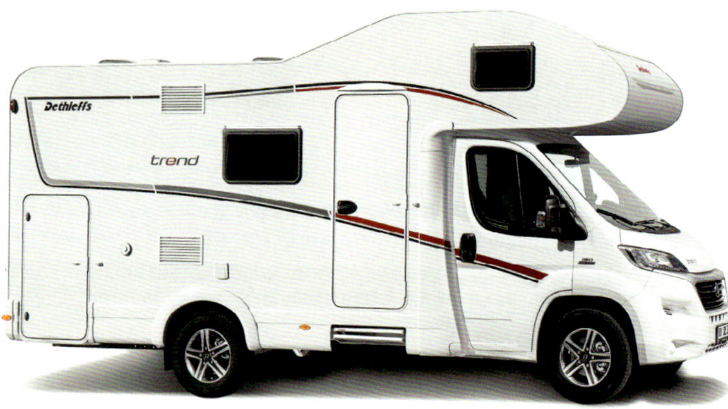

Die am weitesten verbreitete Badform ist das seitlich in der Fahrzeugmitte untergebrachte Längsbad, bei dem Waschbecken, Toilette und Duschkabine nebeneinander angeordnet sind. Gekocht wird meist in der seitlich angeordneten Längsküche. Wer Wert auf viel Platz zum Vorbereiten der Speisen legt, findet auch Längsküchen mit L-förmig über Eck angeordneter Arbeitsplatte. Eher selten anzutreffen ist dagegen die Heckküche.

Darüber hinaus zeichnen sich Alkovenmobile durch ein gutes Preis-Leistungs-Verhältnis aus, allerdings ist die wuchtige Bauweise alles andere als aerodynamisch und wirkt sich entsprechend negativ auf den Kraftstoffverbrauch aus. Die ungewohnte Höhe erfordert an Brücken und Tunneln einen ständigen Blick auf die maximal erlaubte Durchfahrtshöhe und auch sonst müssen Sie darauf achten, nicht an niedrighängenden Ästen oder Balkonen bzw. Regenrinnen in engen Ortsdurchfahrten hängen zu bleiben.

Steckbrief Alkovenmobil

+ gut geeignet für Familien
+ großzügiges Raumangebot für Küche und Bad
- Bett im Alkoven nur über Treppe zu erreichen
- erhöhter Kraftstoffverbrauch
- große Abmessungen und ungewohnte Gesamthöhe (in der Regel > 3,2 m)

Preis: ab € 40.000
Besonders geeignet für: Familien mit Kindern

Windschnittig: Teilintegrierte Wohnmobile

Teilintegrierte sind die windschnittigere Alternative zum Alkovenmobil und richten sich vor allem an Paare und Kleinfamilien. Als Basisfahrzeug dient typischerweise ein Fiat Ducato und das Fahrerhaus mit Drehsitzen wird zum Teil des Wohnraums.

In Teilintegrierten gibt es als Alternative zum Längsbad nicht selten auch ein geräumiges Raumbad, das vor dem Heckschlafzimmer untergebracht ist und die gesamte Fahrzeugbreite ausfüllt, wobei Dusche und Waschbecken/Toilette sich jeweils auf der gegenüberliegenden Fahrzeugseite befinden. Die beliebteste Küchenvariante stellt auch bei den Teilintegrierten die Längsküche dar. Einzelne Hersteller statten ihre teilintegrierten Reisemobile mit einer zentralen Mittelküche aus, die rechts und links Platz zum Vorbeigehen lässt.

Durch die niedrigere Bauform fällt der Luftwiderstand günstiger aus, allerdings ist die Zahl der Schlafplätze begrenzt. Übliche Varianten sind eine Liegefläche im Heck oder ein Hubbett über dem Wohnbereich. Bei einigen Modellen kann auch die Sitzgruppe zu einem Bett umgebaut werden.

Steckbrief Teilintegrierter

+ angenehmes Fahrgefühl
+ geringer Kraftstoffverbrauch
- z. T. nur ein richtiges Bett

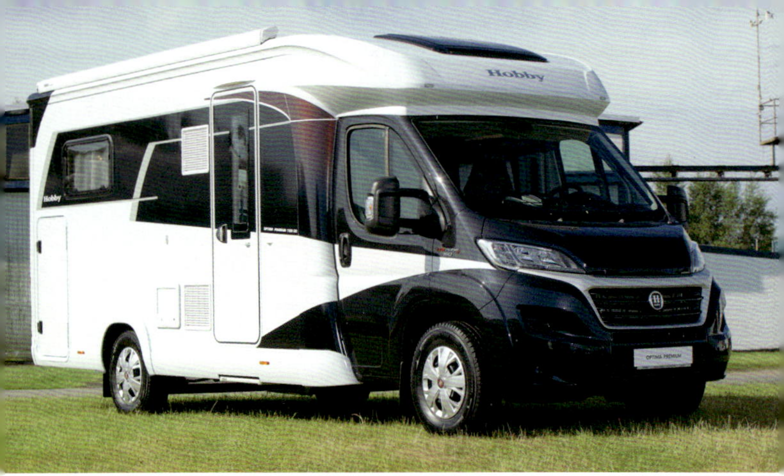

Teilintegrierter Hobby Optima Premium T65 © Hobby

Preis: ab € 40.000
Besonders geeignet für: Paare, die mehr Wert auf das Fahren als auf das Wohnen legen, und Kleinfamilien

Mobiles Wohnen aus einem Guss: Integrierte Wohnmobile

Bei integrierten Wohnmobilen wird das Originalfahrerhaus durch eine neue Bugmaske ersetzt. So wird das Fahrerhaus komplett in den Wohnbereich integriert und es entsteht eine Optik wie aus einem Guss mit einem riesigen Panoramafenster. Integrierte zeichnen sich durch ein großzügiges Platzangebot aus und werden in allen Ausstattungsvarianten und Preisklassen angeboten. Der typische Grundriss sieht wie folgt aus: Sitzgruppe vorne, Küche und Bad in der Mitte, festes Bett im Heck. Werden zusätzliche Schlafplätze benötigt, kommt ein Hubbett über dem Fahrerhaus zum Einsatz.

Charakteristisch für Integrierte ist die fehlende Beifahrertür, d. h. bei jedem Ein- und Aussteigen führt der Weg auf den Beifahrersitz durch den Wohnraum. Viele Integrierte kommen auf eine Gesamtmasse von über 3,5 t, d. h. wer den Führerschein nach 1998 gemacht hat, braucht eine zusätzliche Fahrerlaubnis.

Steckbrief Integrierter

\+ Raumgefühl
\- erschwerte Wartungsarbeiten am Motor durch fehlende Motorhaube
\- teurer als Teilintegrierte

Preis: ab € 50.000
Besonders geeignet für: Paare und Kleinfamilien

Integriertes Hymermobil Exsis-i 588 © Hymer

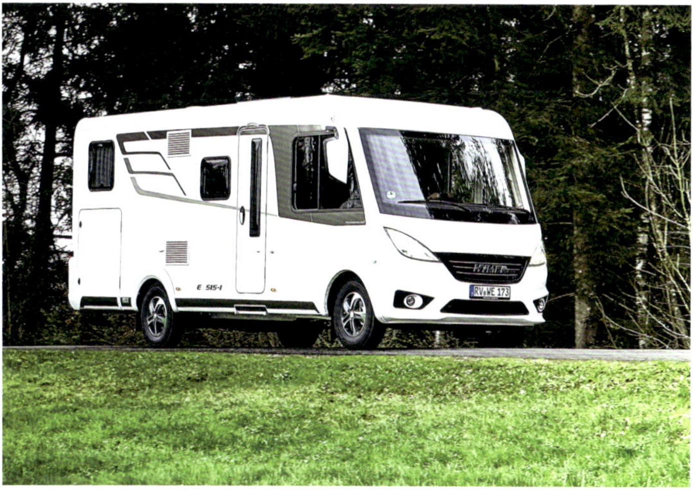

Origami-Camping I: Dachzelte

Der Aufbau eines Zeltes ist zu fummelig, ein Kastenwagen zu teuer und Wohnmobil oder Wohnwagen sind einfach zu spießig? Dann ist vielleicht ein Dachzelt oder Faltcaravan die passende Alternative.

Beide Campingvarianten sind nicht wirklich neu, waren aber über viele Jahre mehr oder weniger in der Versenkung verschwunden. Mit dem aktuellen Campingboom erleben sie aber eine wahre Renaissance und finden immer mehr treue Liebhaber.

Sicherlich ist ein Geländewagen mit montiertem Dachzelt der Inbegriff für das Offroad-Abenteuer schlechthin und in der Tat kann ein Dachzelt unter widrigen Bedingungen seine Vorteile voll ausspielen. Egal, wo das Auto abgestellt wird und egal, ob der Untergrund steinig, matschig oder uneben ist, das Dachzelt steht immer sauber und trocken. Schon längst bleiben Dachzelte daher nicht mehr nur den Freunden afrikanischer Waschbrettpisten vorbehalten, sondern sind mittlerweile auch immer häufiger auf Campingplätzen anzutreffen.

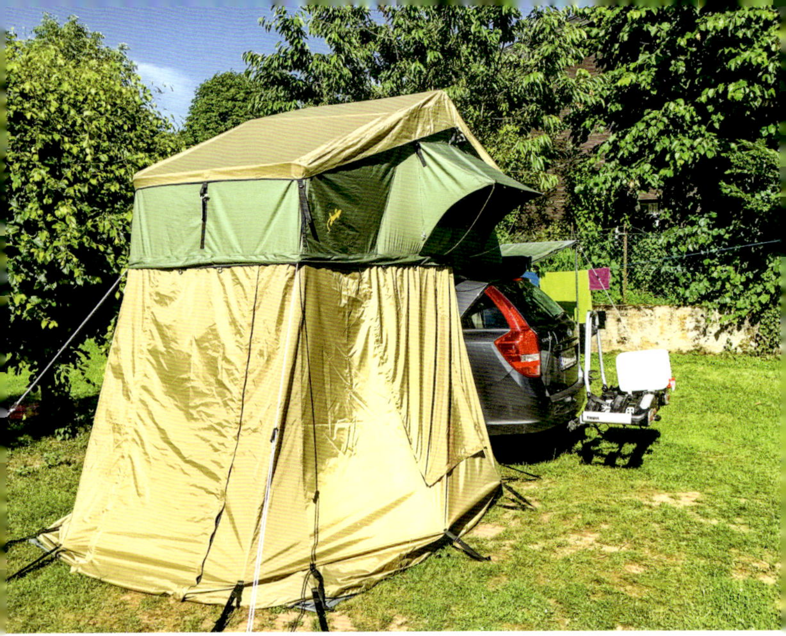

Dachzelt

Ein Dachzelt macht praktisch jeden Pkw, sieht man einmal von Kleinstwagen und Cabrios ab, zur mobilen Behausung. Einzige Voraussetzung ist ein geeigneter Dachträger. Einmal montiert ist das Handling denkbar einfach: Ankommen, aufklappen, fertig. Zelt-Feeling pur also, aber ohne ständig über die Abspannschnüre zu stolpern und selbst bei Dauerregen droht garantiert kein Aufwachen in einer Pfütze. Da die Matratze bereits im Zelt integriert ist, braucht es keine Isomatten und da in den meisten Fällen Kissen und Decken oder Schlafsäcke selbst im zusammengeklappten Zustand im Zelt verbleiben können, bleibt der Kofferraum im Auto für das übrige Gepäck frei.

Dachzelte gibt es in den unterschiedlichsten Ausstattungsvarianten – von spartanisch bis luxuriös mit integriertem Vorzelt und genug Platz für die Kleinfamilie. Preislich geht es mit € 1.500 für die einfacheren Varianten los, ein Topmodell mit Vollausstattung schlägt schnell mit bis zu € 8.000 zu Buche.

Die ersten Dachzelte „Air Camping" und „Maggiolina" waren eine italienische Erfindung und kamen Ende der 1950er-Jahre mit der aufkeimenden Reiselust in Europa auf den Markt. „Leinwandvilla" oder „Pension Sachsenruh" waren die liebevollen Bezeichnungen für ein Dachzelt, das ab Mitte der 1980er-Jahre in der

DDR als Sonderausstattung für den Trabant angeboten wurde. Mit einer Grundfläche von 1,45 x 2 m bot es Platz für zwei Personen und eröffnete die Möglichkeit zu einem günstigen, individuellen Urlaub.

Noch immer bestehen Dachzelte aus einem stabilen Boden und einem textilen Zeltaufbau. Statt massivem Holzboden und schwerem Baumwollsegeltuch kommen allerdings neue Materialien zum Einsatz, die die heutigen Modelle um einiges handlicher und leichter machen.

Aktuell lassen sich grundsätzlich zwei Typen von Dachzelten unterscheiden, nämlich Klappdach- und Hartschalenzelte. Klappdachzelte bestehen aus einem Gestänge und einem Holzboden, der längs oder quer auf dem Dach liegt und für den Transport der Hälfte nach zusammengeklappt wird. Sie zeichnen sich daher durch ein kompaktes Packmaß bei gleichzeitig großzügigem Raumangebot im aufgebauten Zustand aus und sind in der Regel günstiger als Hartschalenzelte. Zum Schlafen wird der Boden zur Seite oder nach hinten ausgeklappt und durch die Leiter abgestützt. So ergibt sich nicht nur ein geschützter Einstieg, sondern auch ein praktischer Regenunterstand.

Hartschalenzelte bestehen aus zwei Glas- oder neuerdings Carbonfaserschalen und ähneln in verpacktem Zustand einer Dachbox. Bei Parallelhubdachzelten wird die obere Dachzelthartschale mit Hilfe einer Kurbel in die Schlafposition gebracht und das Zelt ist im Innenraum überall gleich hoch. Bei Hartschalenklappzelten ist die eine Seite der Außenschalen über Scharniere miteinander verbunden. Die gegenüberliegende Seite wird keilförmig aufgeklappt und von einer Gasdruckfeder aufgehalten. So ergibt sich ein liegendes „V", das rundherum von einer Zeltwand umschlossen ist. Dank der harten Oberschale haben Sie bei beiden Bauformen immer ein festes Dach über dem Kopf.

Ob Klappdach- oder Hartschalenzelt: Es ist immer Camping im ersten Stock und es wird zwangsläufig eine Leiter zum Einsteigen benötigt. Und natürlich müssen Sie auch im Halbschlaf wieder über die Leiter herausklettern, wenn Sie nach einem Grillabend mit ein paar Bieren ein dringendes Bedürfnis verspüren.

Was das Übernachten in Dachzelten außerhalb von Campingplätzen angeht, bewegt man sich in einer Grauzone, da man weder sein Zelt in der freien Natur aufschlägt, noch im Fahrzeug schläft. Laut dem Marktführer für Autodachzelte Autohome ist eine Übernachtung im Dachzelt auf öffentlichen Parkplätzen erlaubt, solange das Dachzelt nicht über das tragende Fahrzeug hinausragt.

Im Gegensatz zu einem Aufstelldach bei einem Campingbus sind Dachzelte eine vom Fahrzeug unabhängige Zeltkonstruktion, die für den Urlaub auf dem Dachträger befestigt wird. Daraus resultiert natürlich ein erhöhter Kraftstoffverbrauch, der sich aber im Rahmen hält, und ein geändertes Fahrverhalten. Eine gesetzliche Geschwindigkeitsbegrenzung gibt es für das Fahren mit Dachlast zwar nicht, in der Regel empfehlen die Hersteller von Dachzelten aber eine Maximalgeschwindigkeit von 130 km/h, die Sie mit Blick auf Sicherheit und Spritverbrauch besser nicht voll ausreizen sollten.

Die gängigen Dachzelte wiegen zwischen 35 und 85 kg. Für die (De-)Montage des Dachzelts vor bzw. nach dem Urlaub brauchen Sie daher mindestens eine weitere Hilfsperson, um das Dachzelt anzuheben und auf das Autodach zu bugsieren, ohne Kratzer und Beulen zu riskieren.

Bei der Montage eines Dachzeltes ist unbedingt die maximal zulässige Dachlast des Pkws zu beachten. Angaben dazu finden Sie in der Bedienungsanleitung Ihres Fahrzeugs. Üblich sind je nach Hersteller und Modell zwischen 50 und 150 kg. Die Summe der Gewichte von Dachträger + Dachzelt + Inhalt darf diesen Wert nicht überschreiten.

Die Rechnung macht auch klar, dass die zulässige Dachlast schnell um ein Vielfaches überschritten wird, sobald Sie und weitere Personen zum Übernachten in das Zelt klettern. Glücklicherweise ist das laut Angaben der Zelthersteller aber kein Problem, da sich die Angabe der zulässigen Dachlast auf das Fahren beschränkt und sicherstellen soll, dass die Fahrsicherheit bei besonderen Belastungen wie Bremsen, Kurvenfahrten oder eine schlechte Wegstrecke auch mit dem Huckepackzelt gewährleistet ist. Sobald das Auto steht, sind deutlich höhere Belastungen möglich.

Vor- und Nachteile von Dachzelten

+ schneller Auf- und Abbau des Zeltes
+ „richtige“ Matratze
+ Stauraum im Kofferraum bleibt erhalten (auch Bettzeug kann meist auf dem Dach verbleiben)
+ keine zusätzlichen Ausgaben für Steuern, Versicherung und TÜV
- Einstieg nur über Leiter möglich
- Montage auf Pkw alleine kaum möglich

Eine Auswahl aktueller Hersteller und Anbieter von Dachzelten ohne Anspruch auf Vollständigkeit:

♦ Autohome, 💻 www.autohome-official.com
♦ Beduin, 💻 www.dachzelte-und-mehr.de
♦ James Baroud, 💻 www.james-baroud.de
♦ Campwerk, 💻 www.campwerk.de
♦ Autocamp, 💻 www.autocamp.de
♦ 3Dog, 💻 www.3dogcamping.eu

Origami-Camping II: Faltcaravans

Sie sind weder Zelt noch Wohnwagen. Faltcaravans liegen irgendwo dazwischen. Mit „leichtes Campen" lässt sich der Name der dänischen Firma Camp-let übersetzen, die seit 1968 (inzwischen unter dem Dach der Isabella Group) Faltcaravans herstellt. Das beschreibt sehr präzise die Eigenschaften eines Faltcaravans. Aus einem kleinen, unscheinbaren Pkw-Anhänger entblättert sich ein wahrer Zeltpalast. Einfach Deckel auf, Zeltplanen in Position bringen und an ein paar Hebel ziehen, schon steht die Grundkonstruktion. Mit etwas Übung sind nach etwa 15 bis 30 Minuten auch Küche und Betten installiert und das Urlaubsdomizil ist komplett bezugsfertig.

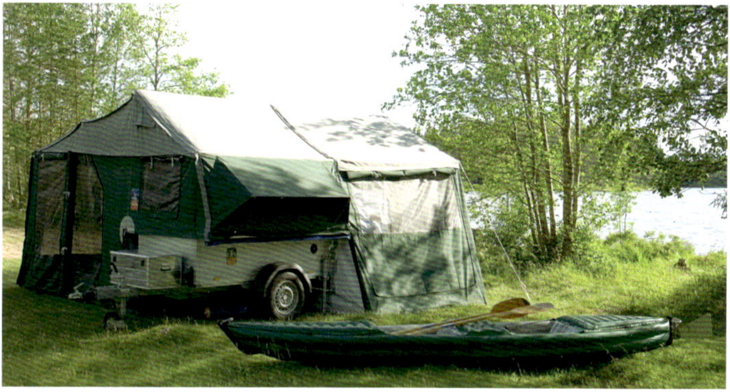

Faltcaravan TrailDog © 3DOG camping

Ähnlich wie Dachzelte ermöglichen auch Faltcaravans das ursprüngliche Zelt-Feeling ohne langen Aufbaufrust sowie den komfortablen Schlaf auf einer richtigen Matratze. Aber statt das Zelt auf dem Dach zu befestigen, wird es in einem Anhänger installiert. Das erfordert natürlich eine Anhängerkupplung am Pkw und Sie fahren immer mit einem Gespann in den Urlaub.

Allerdings fällt der Anhänger sehr kompakt aus und ist um einiges leichter als ein „echter" Wohnwagen. Das geringe Eigengewicht eines Zeltanhängers bietet eine Reihe von Vorteilen. So reicht in vielen Fällen (zulässiges Gesamtgewicht bis 750 kg) der normale Autoführerschein (Klasse B) und die Ansprüche an den Zugwagen fallen gering aus. Faltcaravans lassen sich mit nahezu jedem Kleinwagen ziehen und auch das Rangieren auf dem Campingplatz geht im wahrsten Sinne leicht von der Hand. Während schwere Wohnwagen sich nur mit Mühe und ausreichend Helfern in die Parzelle manövrieren lassen, sind die meisten Faltcaravans selbst im Alleingang bequem und sicher zu rangieren.

Vor- und Nachteile von Faltcaravans:

+ schneller Auf- und Abbau des Zeltes
+ große Wohnfläche
+ geringes Eigengewicht erfordert weder einen gesonderten Führerschein noch ein spezielles Zugfahrzeug und erleichtert das Rangieren per Hand
- Anhängerkupplung erforderlich
- Gespann schränkt Flexibilität beim Fahren ein
- nach dem Abbau im Regen muss ein Faltcaravan zu Hause zum Trocknen erneut aufgebaut werden

Die Anschaffungskosten für einen Faltcaravan belaufen sich je nach Modell und Ausstattung auf € 5.000 bis € 15.000 und liegen damit zwischen einem sehr guten Hauszelt und einem Einsteigerwohnwagen. Auch die Betriebskosten halten sich im überschaubaren Rahmen. Zu der alle zwei Jahren fälligen TÜV-Inspektion addieren sich Kraftfahrzeugsteuer (knapp € 7,50 je 200 kg Gesamtgewicht) und Versicherung. Die Haftpflichtversicherung liegt bei etwa € 20-30 im Jahr, für Teil- bzw. Vollkasko müssen Sie je nach Versicherung mit € 40-100 rechnen. Nicht unerwähnt sollte sein, dass die Stellplatzgebühren für einen Faltcaravan auf den meisten Campingplätzen etwas höher liegen als für ein Standardzelt und auch die Fährpreise und Mautkosten für Autobahnen, Tunnel oder Brücken liegen meist höher als bei einem Pkw alleine.

Alles in allem ist ein Faltcaravan kein „vollwertiger" Wohnwagen, aber deutlich komfortabler als ein Zelt und er animiert durch den einfachen Auf- und Abbau auch zum spontanen Campingausflug am Wochenende. Übrigens ist bei einigen Modellen das Zelt nicht fest verbaut und der Anhänger auch getrennt nutzbar: Wird der Zeltaufsatz entfernt, haben Sie einen Transportanhänger zur Verfügung.

Eine Auswahl aktueller Hersteller und Anbieter von Faltcaravans ohne Anspruch auf Vollständigkeit:

- Camp-let, 💻 www.isabella.net
- Campwerk, 💻 www.campwerk.de
- Holtkamper, 💻 www.holtkamper.de
- Raclet/Trigano, 💻 www.trigano-faltcaravan.de
- Opus, 💻 www.opuscamper.com
- Rettenmaier, 💻 www.offroad-anhaenger.de
- 3Dog 💻 www.3dogcamping.eu

Camping für Campingmuffel? Glamping!

Zelten ist zu unbequem, aber ein Hotelzimmer zu weit ab von der Natur und die Schlange am Frühstücksbuffet ein stetiges Ärgernis? Dieses Szenario könnte am Anfang des „Glampings" gestanden haben, über das seit einigen Jahren regelmäßig in den unterschiedlichsten Printmedien von Bild bis Spiegel und auch im Fernsehen berichtet wird.

Der Begriff ist ein Kunstwort aus „**glam**orous cam**ping**" und steht für Camping mit Luxus-Touch. Dabei hat sich aus der ursprünglichen Idee des sehr exklusiven Luxuscampings, wie er vor allem in den USA sowie in England, Südafrika und Australien anzutreffen ist, in Europa ein Trend hin zum „erschwinglichen" Glamping in einzigartigen Mietunterkünften mit besonderem Charme entwickelt.

Vorreiter sind hier vor allem Italien und Frankreich sowie Spanien, die Niederlande, Slowenien und Kroatien. In Deutschland verläuft die Entwicklung zwar noch etwas zaghaft, aber auch hierzulande rüsten immer mehr Campingplatzbesitzer auf und schaffen ein vielfältiges, kreatives Übernachtungsangebot, um auch Nicht-Camper zu erreichen, die das Naturerlebnis und die Freiheit des Campinglebens mit dem Komfort eines Hotels kombinieren möchten.

So kann Luxuscamping aussehen

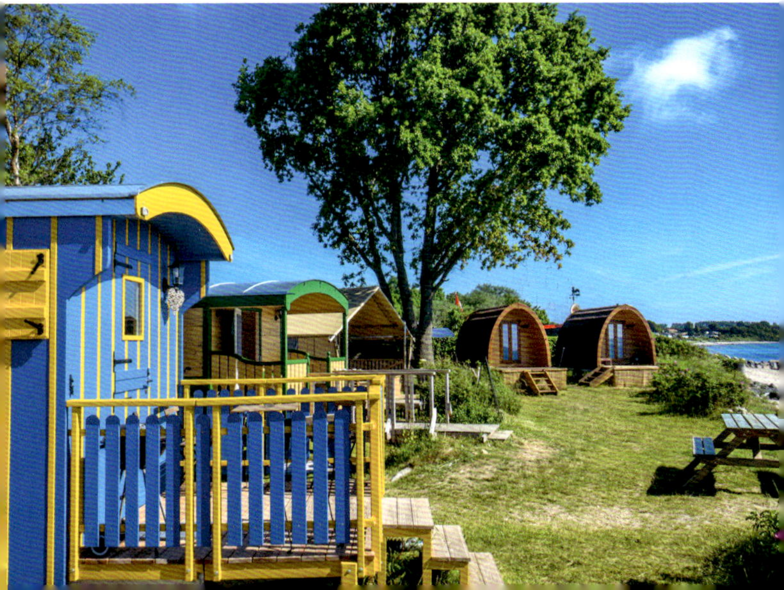

Wann aber wird aus Camping Glamping? Eine exakte Definition, was genau Glamping eigentlich ist, gibt es bislang nicht. Der Hauptunterschied liegt in erster Linie in der Art der Unterkunft. Denn während der „klassische" Camper seine Behausung stets selbst mitbringt, zeichnet sich das Glamping durch die unterschiedlichsten, meist originellen Mitunterkünfte aus.

Das Glamping-Angebot hat dabei viele Gesichter und reicht vom einfachen, aber fantasievoll eingerichteten Holzfass über Oldtimer-Wohnwagen wie die silberfarbene Ikone Airstream oder den knuffigen Teardrop-Trailer bis hin zu voll ausgestatteten Safari- oder Lodgezelten im Kolonialstil mit Himmelbett samt Vollkernmatratze, eigenem Sanitärraum und separatem Kochbereich. Meryl Streep und Robert Redford lassen aus „Jenseits von Afrika" grüßen! Ebenfalls sehr beliebt sind ausgebaute und liebevoll eingerichtete Zirkus- oder Bauwagen, Indianertipis sowie original mongolische Jurten.

Die Bandbreite der zu erwartenden Kosten ist dabei so groß wie das Angebot an Unterkünften vielfältig. Eine Luxusunterkunft mit richtigem Bett, Küchenzeile samt Kühlschrank und Geschirrspüler und Privatbad ist kaum billiger als das Hotelzimmer, dafür brauchen Sie aber auch nicht einmal auf den Zimmerservice zu verzichten, der am Morgen die frischen Brötchen und eine aktuelle Tageszeitung bis ans Bett bringt.

Zwangsläufig teuer muss Glamping aber keineswegs sein und so halten sich die Preise für einfachere Bungalows oder die beliebten Schlaffässer im Rahmen und auch die Möglichkeit zur Selbstversorgung, die in den meisten Mietunterkünften auf Zeltplätzen möglich ist, schont das Reisebudget.

Die genannten Beispiele machen deutlich, dass es *das* Glamping nicht gibt. Ein einfaches Baumhaus mit spartanischer Ausstattung, aber einmaligem Blick über den See kann genauso eine Glamping-Unterkunft sein, wie das Luxusmobilheim mit eigenem Wellnessbereich. Umgekehrt gilt es bei der Auswahl der Unterkunft genau zu prüfen, was Sie vor Ort erwartet und jeder muss selbst entscheiden, ob ein muffiges Mobilheim, das schon 20 Jahre auf dem Buckel hat, die Bezeichnung Glamping wirklich verdient. Einheitliche Standards gibt es bislang, wie gesagt, leider nicht.

Eine gute Anlaufstelle für die Suche nach einmaligen Unterkünften auf Campingplätzen liefern die folgenden Glamping-Anbieter und -Vermittler:

▷ 💻 www.glamping.info, Portal zur Suche von Mietunterkünften, wie Hütten, Baumhäusern, Jurten, Wohnwagen oder Safarizelten in ganz Europa

▷ 💻 www.vacansoleil, Mobilheime und Bungalow- sowie Safarizelt auf Campingplätzen in ganz Europa

▷ 💻 www.vacanceselect.com, Nostalgiewohnwagen, Lodge- und Safarizelte auf Campingplätzen und in Ferienparks in 15 europäischen Ländern

- ▷ 💻 www.selectcamp.com, Lodgezelte samt Himmelbett und nostalgischer Badewanne und exklusive Mobilheime auf Campingplätzen in Italien, Frankreich, Spanien, Kroatien und Österreich
- ▷ 💻 www.eurocamp.de, Safarizelte, Mobilheime und Mountain Lodges auf Campingplätzen in Frankreich, Italien und Spanien
- ▷ 💻 www.wiesenbett.de, naturnahe Unterkünfte in Lodgezelten und Hütten auf Bauernhöfen in Deutschland, der Schweiz, Belgien, Frankreich, den Niederlanden, Schottland, Wales und England. Statt Strom sorgen Öllampen und Kerzen für die Beleuchtung, gekocht wird auf dem Holzofen. Frische Zutaten gibt's im Hofladen.

Camping auf Probe

Schon ein Familienzelt samt allem Zubehör ist nicht gerade günstig. Noch höher wird die Investition, wenn ein Wohnwagen oder sogar ein Wohnmobil angeschafft werden soll und zum Kaufpreis addieren sich dann noch die laufenden Kosten für Wartung, Steuer und Versicherung.

Wenn Sie nur gelegentlich in den Campingurlaub fahren oder Sie sich noch gar nicht sicher sind, ob das Campingleben überhaupt etwas für Sie ist, kann daher das Mieten eine durchaus sinnvolle Alternative sein.

Die einfachste Variante, um Campingluft zu schnuppern, stellen die vielfältigen Mietunterkünfte auf Campingplätzen dar, die Sie schon im Kapitel ☞ „Camping für Campingmuffel? Glamping!" kennengelernt haben. Hier können Sie wie beim Hotelurlaub einfach mit dem Koffer anreisen, denn das erforderliche Campingequipment steht vor Ort bereits zur Verfügung.

Die Frage, wo genau die Grenze zwischen Camping- und Ferienhausurlaub verläuft, überlasse ich an dieser Stelle den Pedanten. Fakt ist: Im gemieteten Zelt schläft es sich nicht anders als im gekauften und natürlich lässt sich auch im Mobilheim die ungezwungene Atmosphäre eines Campingplatzes erleben.

Der aktuelle Campingboom hat auch den Markt für Mietwohnmobile und -wohnwagen beflügelt und so ergeben sich vielfältige Möglichkeiten, das Caravaning ohne teure Anschaffung auszuprobieren.

Die Miete bei einem Händler vor Ort eröffnet unter Umständen die Möglichkeit, sich einen Teil der Mietgebühr auf den Kaufpreis anrechnen zu lassen, falls Sie sich nach dem Testurlaub für einen Kauf entscheiden. Während Sie bei vielen lokalen Händlern sowohl Wohnmobile wie auch Wohnwagen mieten können, bieten die großen Vermietketten mit Stationen im gesamten Bundesgebiete in erster Linie Wohnmobile an, z. B.:

- Deutsche Reisemobil Vermietung, 💻 www.drm.de
- McRent, 💻 www.mcrent.de
- ADAC Wohnmobilvermietung, 💻 www.adac.de/wohnmobile
- Rent Easy, 💻 www.rent-easy.de

Das Angebot umfasst dabei die gesamte Bandbreite vom Kastenwagen bis zum Integrierten und meistens sind die Fahrzeuge nicht älter als zwei Jahre. Je nach Modell und Saison müssen Sie mit Mietpreisen zwischen € 80 und 180 pro Tag für ein Familien-Alkoven-Modell rechnen. Die Mindestmietzeit beträgt in der Regel 7 Tage, während der Saison mitunter auch 14 Tage.

Immer beliebter wird auch die Caravan- und Wohnmobilmiete von privat. In den letzten Jahren sind einige Buchungsplattformen im Internet entstanden, die die Suche nach dem Mietmobil vereinfachen und zudem sicherstellen, dass die notwendigen Versicherungsleistungen vorhanden sind:

- Campanda, 💻 www.campanda.de
- Share A Camper, 💻 www.shareacamper.de
- Paul Camper, 💻 www.paulcamper.de

Mit folgenden Tipps steht dem Traumurlaub im Mietmobil nichts entgegen:

- ▷ Buchen Sie das gewünschte Mobil so früh wie möglich, denn in der Hauptsaison ist der Fuhrpark schnell ausgebucht.
- ▷ Überprüfen Sie die Versicherungs- und Stornierungskonditionen im Detail. Mit einer Zusatzversicherung lässt sich der Selbstbehalt reduzieren, denn schon kleinere Schrammen können teure Aufbaureparaturen nach sich ziehen.
- ▷ Studieren Sie auch die Vermietbedingungen ganz genau und klären Sie, was alles im Mietpreis enthalten ist und was extra kostet. Nicht immer ist Geschirr mit an Bord.
- ▷ Für den Fall, dass der eigene Vierbeiner mitsoll, müssen Sie vor Vertragsabschluss verbindlich klären, ob Hunde und Katzen mitfahren dürfen.
- ▷ Holen Sie Mietwohnmobil oder -caravan nicht erst auf den letzten Drücker ab. Die Gebühren für ein bis zwei zusätzliche Tage sind gut investiert und verschaffen ausreichend Zeit, um sich vor der Abfahrt in vertrauter Umgebung an die größeren Dimensionen des Fahrzeugs bzw. das Fahren mit Gespann zu gewöhnen.
- ▷ Nehmen Sie sich für die Einweisung Zeit. Lassen Sie sich alles ganz genau zeigen und fragen Sie im Zweifelsfall lieber nach, falls etwas unklar ist. Schäden, die durch eine Fehlbedienung entstehen, müssen Sie selbst zahlen!

Ausrüstung und praktisches Zubehör für das Camperleben

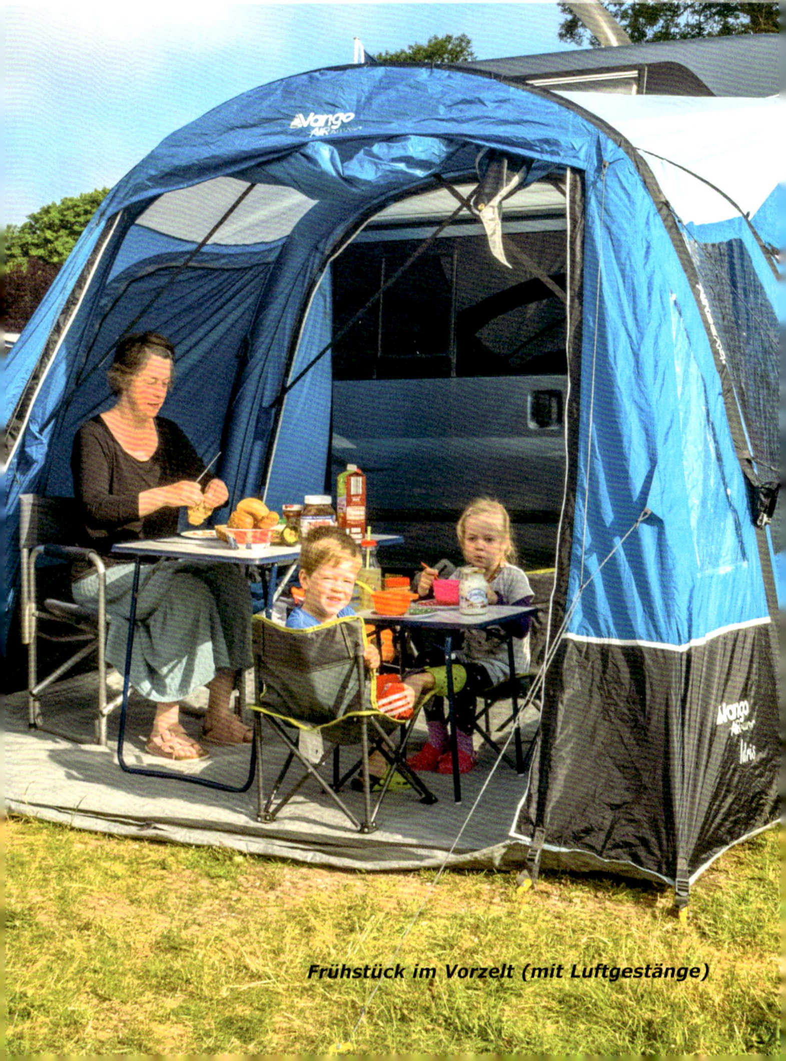

Frühstück im Vorzelt (mit Luftgestänge)

Unkaputtbares Geschirr aus Melamin, Faltsofas mit Armlehnen oder Kunststoffweingläser mit abschraubbaren Füßen, die sich für den Transport platzsparend im Kelch verstauen lassen: Geht es nach der Campingindustrie, so brauchen Sie für das perfekte Camperleben eine ganze Menge an (kostspieligem) Zubehör.

Der über 570 Seiten starke Katalog des Campingausrüsters Fritz Berger listet über 15.000 mehr oder weniger nützliche Dinge – von der Moskitospirale über den Edelstahl-Dreibein-Grill bis zur mobilen Satellitenanlage – auf, die Sie für ein erfülltes Leben auf dem Campingplatz vermeintlich benötigen. Aber ist diese Materialschlacht wirklich notwendig?

Die Antwort ist ein klares „Nein“, denn viel braucht es für das Campingglück eigentlich nicht. Für den Anfang reichen Zelt, Isomatte, Schlafsack und Kocher völlig aus. Mit den Jahren kommt dann aber nach und nach doch ein zweiter Hausstand zusammen, wenn Tisch, Stühle, Grill und vielleicht auch eine Kühlbox ergänzt werden.

Eine gute Idee: Probecamping vor dem ersten Urlaub

Wenn Sie zum allerersten Mal in den Campingurlaub fahren, sollten Sie nicht bis zur Reise warten, um die neue Ausstattung auszuprobieren, und die eigene Ausrüstung vorab in Ruhe einem Praxistest unterziehen. So lassen sich böse Überraschungen im Urlaub vermeiden und bei Fehlkäufen bleibt ausreichend Zeit, sich um Alternativen zu kümmern.

Mein Tipp: Probieren Sie die gesamte Ausrüstung schon vor dem Urlaub bei einem Probecamping zu Hause im Garten aus oder noch besser: Nehmen Sie sich Zeit für einen Wochenendtrip auf einen Campingplatz in der Nähe Ihres Wohnorts. Bauen Sie das Zelt mindestens einmal auf und schlafen Sie mit Isomatte und Schlafsack darin und vergessen Sie nicht, auch den Campingkocher auszuprobieren.

Wie umfangreich das Gepäck ausfällt und was man wirklich benötigt, kann letztendlich nur jeder für sich selbst entscheiden. Der eine braucht zum Relaxen unbedingt seinen aufblasbaren Loungesessel, minimalistischeren Naturen reicht schon eine Picknickdecke. So kann ich Ihnen zum Beispiel ein langes Lied von endlosen Diskussionen über das Für und Wider einer Kabeltrommel vortragen. Während ich ein einfaches 10-Meter-Verlängerungskabel präferiere, welches bei Nichtgebrauch prima unter der Rücksitzbank unseres Ford Nuggets verschwindet, plädiert meine Frau für eine Kabeltrommel, die selbstverständlich eine flexiblere Platzwahl in einem größeren Radius um die Stromsäule auf dem Stell- oder Campingplatz erlaubt, umgekehrt aber eine Menge Stauraum in Anspruch nimmt.

Neben den persönlichen Vorlieben spielt nicht zuletzt auch die Reiseform eine entscheidende Rolle. Geht es mit dem Kombi-Wohnwagen-Gespann für den vierwöchigen Jahresurlaub auf einen Campingplatz, dann steht der Komfort im Vordergrund und es macht durchaus Sinn, ein Vorzelt komplett mit Küche und Sitzecke zu möblieren.

Bei einer Tour von Campingplatz zu Campingplatz mit dem Fahrrad oder Kanu, bei der Sie den kompletten Umfang Ihrer Ausrüstung aus eigener Kraft tragen müssen, wird deren Umfang naturgemäß spartanischer ausfallen – auf etwas Komfort brauchen Sie aber auch bei einer solchen Reise nicht zu verzichten und wer möchte, findet im Handel auch sehr kleine und leichte Faltsessel, die sogar im Rucksack Platz finden.

Um Ihnen den Einstieg ins Camperleben zu erleichtern, habe ich auf den folgenden Seiten ein paar grundsätzliche Empfehlungen und Überlegungen für die wichtigsten Ausrüstungsgegenstände zusammengetragen, damit Sie besser entscheiden können, was wirklich gebraucht wird.

Haben Sie sich für den Kauf eines Gegenstandes entschieden, dann sollten Sie nicht ausschließlich auf den Preis schauen und auf keinen Fall an der Qualität sparen. Gutes Campingzubehör zeichnet sich durch einen hohen Nutzwert und lange Haltbarkeit aus und wer hier nicht am falschen Ende spart, bekommt einen treuen Urlaubsbegleiter, an dem er lange Jahre Freude haben wird.

Ein breites Angebot an praktischem Zubehör lässt sich beim Stöbern und Schmökern in den Onlineshops oder den umfangreichen Katalogen der auf Camping- und Freizeitzubehör spezialisierten Händler entdecken, z. B. bei:

- www.fritz-berger.de
- www.movera.com
- www.frankana.de
- www.reimo.com

Jogginghose oder Abendkleid? Die richtige Camperkleidung

Ein Laufsteg ist der Campingplatz natürlich nicht, aber dennoch gilt auch hier das altbekannte Motto „Kleider machen Leute“. Die Bandbreite der Outfits reicht vom Dauercamper-Klischee mit ausgeleierter Jogginghose und XXL-T-Shirt samt Aufdruck eines schlechten Spruchs in der Güteklasse „Bier formte diesen Körper“ bis hin zum Hipster in topmodernen Outdoorklamotten, die auch für eine Besteigung des Mount Everest taugen würden.

Im Adamskostüm die Zeltheringe in den Boden hauen und sich nackig hinter den Grill stellen? Eindeutig geregelt ist die „Kleiderordnung“ eigentlich nur auf speziellen FKK-Plätzen, ansonsten ist erlaubt, was bequem ist und gefällt. Natürlich kommt es bei der Auswahl der passenden Kleidung auch auf die Urlaubsregion an. Für den Campingurlaub im nord- oder mitteleuropäischen Sommer müssen Sie mit allen Elementen rechnen und für heiße Sonnentage ebenso gewappnet sein wie für Dauerregen.

Kinder brauchen bequeme und robuste Kleidung

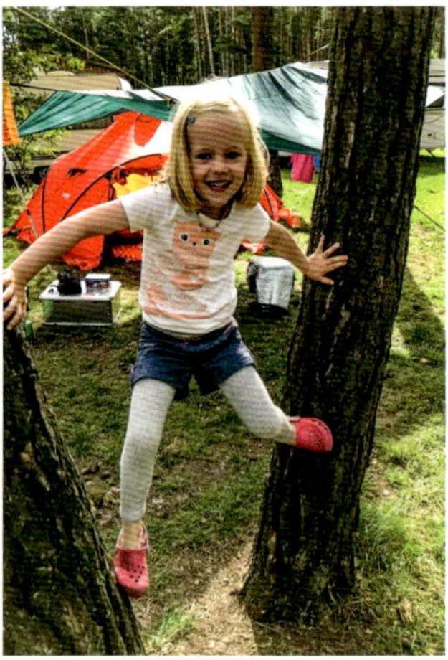

Wetterfeste Kleidung gehört also in jedem Fall ins Gepäck, damit die Urlaubsstimmung selbst bei Sturm, Regen und Matsch nicht baden geht. Eine superteure High-Tech-Outdoor-Funktionskleidung brauchen Sie für den Campingurlaub zwar nicht, aber eine gute Regenjacke und -hose muss schon sein. Es lohnt sich, für Qualität etwas tiefer in die Tasche zu greifen, denn was nützt eine minderwertige Regenjacke, bei der Sie im eigenen Saft schwimmen und die schon beim ersten stärkeren Regenguss den Geist aufgibt. Übrigens: Kinder lieben Matsch, daher auf keinen Fall die Gummistiefel vergessen!

Ansonsten hat sich auch beim Camping das sogenannte Zwiebelprinzip aus mehreren leichten Kleidungsstücken übereinander bewährt. Hintergrund: Mehrere dünne Lagen sind viel flexibler als ein einzelnes, dickes Kleidungsstück und Sie können je nach Befinden und Wetterlage leicht eine Schicht an- oder ausziehen.

Kuschelig warm und sehr pflegeleicht sind Pullis oder Jacken aus Fleece, einer Kunstfaser mit hervorragender Isolationseigenschaft bei geringem Gewicht. Sie wärmen selbst noch im nassen Zustand und sind auch schnell wieder trocknen.

Auch bei den Hosen sind sogenannte Trekkinghosen aus einem Synthetik-Baumwoll-Gemisch besser geeignet als Standard-Jeans, da sie schnell trocknen und leicht, bequem sowie besonders pflegeleicht sind.

Richtet man den Blick auf einem Campingplatz in Richtung Schuhwerk, so dominieren die bunten Kunststoffschuhe der US-amerikanischen Marke Crocs. Diese stammen ursprünglich aus dem Wassersport, machen aber auch als Freizeitschuh eine gute Figur. So sind sie nicht nur superleicht und geruchsresistent, sondern können sogar als Badeschuh mit ins Wasser und wenn sie einmal matschverschmiert sind, lassen sie sich unkompliziert unter dem Wasserhahn wieder sauber spülen (aber bitte nicht am Spülbecken, denn das ist ausschließlich zum Geschirrspülen, Obstwaschen oder Gemüseputzen gedacht ...). Sie sind sehr bequem und damit der Dreck draußen bleibt, lassen sie sich vor dem Betreten von Zelt, Wohnwagen oder Wohnmobil leicht abstreifen. Dank des bunten Designs und der abwechslungsreichen Modellpalette sehen sie zudem auch noch gut aus. Wer kleine oder große Ausflüge plant, nimmt zusätzlich noch leichte Wanderschuhe mit.

Bei der Frage nach dem Umfang des benötigten Wäschevorrats scheiden sich die Geister. Die eine Fraktion nimmt ausreichend Wäsche für die gesamte Reise mit, die andere beschränkt sich auf ein Minimum, um mit möglichst wenig Ballast in den Urlaub zu fahren, und wäscht zwischendurch. Bei längeren Reisen funktioniert naturgemäß nur Variante zwei.

Variante eins hat den Vorteil, dass Sie sich im Urlaub nicht um das Wäschewaschen kümmern müssen, bedeutet umgekehrt aber auch, dass viel Stauraum benötigt wird und Sie mit einem riesigen Schmutzwäscheberg wieder nach Hause kommen. Im Anschluss an den anstehenden Waschmarathon ist die Urlaubsstimmung dann schnell wieder futsch ...

Sicherlich gibt es bei dem ein oder anderen Vorbehalte gegenüber dem Wäschewaschen in einer fremden Waschmaschine. Ich selbst habe noch nie schlechte Erfahrung mit den Münzwaschmaschinen auf Campingplätzen gemacht. In der Hochsaison kann es aber schon einmal vorkommen, dass man für eine freie Wäschetrommel etwas anstehen muss.

Erinnern Sie sich noch an den Nummer-1-Hit „Mief! Nimm mich jetzt, auch wenn ich stinke" der Nonsens-Musikgruppe „Die Doofen" bestehend aus den Komikern Wigald Boning und Olli Dittrich Mitte der 1990er-Jahre? Natürlich braucht im Urlaub niemand auf frische Unterwäsche zu verzichten, trotzdem lässt sich die anfallende Schmutzwäsche mit leichten Abstrichen an die Sauberkeit deutlich reduzieren. So stört es z. B. niemanden (außer der eigenen Eitelkeit vielleicht), wenn Sie Shorts und T-Shirts oder Sommerkleid ein paar Tage länger tragen als zu Hause. Und die Kinder rennen im Sommer ohnehin am liebsten in Badehose und T-Shirt über den Platz.

Wäsche waschen und trocknen auf dem Campingplatz

Sehr nützlich ist eine Tube Reisewaschmittel im Gepäck, um einzelne Kleidungsstück zwischendurch mit der Hand zu waschen oder kleine Flecken auf T-Shirts und Hosen zu beseitigen.

Sammeln Sie die Schmutzwäsche stets in atmungsaktiven Beuteln aus Leinen oder Baumwolle. In Plastiktüten beginnt die Wäsche schnell, unangenehm zu müffeln und fängt im schlimmsten Fall sogar an zu schimmeln.

Zum Wäschetrocknen auf dem Campingplatz finden Sie im Campinghandel ein breites Spektrum, das von der Wäscheleine in der praktischen Aufrollbox über den klappbaren Wäscheständer zum Einhängen am Wohnwagenfenster bis hin zur selbststehenden Wäschespinne reicht. Natürlich tut es aber auch eine simple Wäscheleine. Sie passt in jedes Gepäck und lässt sich einfach zwischen zwei Bäumen aufspannen.

Gute Nacht: Erholsam schlafen

Ein erholsamer Schlaf spielt natürlich auch beim Campingurlaub eine entscheidende Rolle, ansonsten wird der Urlaub schnell zur Tortur. Relativ einfach gestaltet sich die Frage beim Wohnmobil und Caravan, denn hier haben Sie ein komfortables Bett mit Kaltschaummatratze gleich mit an Bord und können sogar Ihre normale Bettdecke von daheim mitnehmen. Wer regelmäßig unterwegs ist und auch gerne spontan am Wochenende verreist, greift vielleicht trotzdem zu einem zweiten Satz Bettwäsche, um sich das ständige Hin- und Hertragen zu sparen.

Aufgepasst heißt es dagegen bei den Bettlaken, denn nur die wenigsten Reisemobilbetten haben Standardmaße, sodass Sie zu passgenauen Bettlaken der Hersteller greifen müssen, die sich diese fürstlich bezahlen lassen. Maßangefertigte Spannbetttücher für Campingfahrzeuge bietet z. B. auch die Firma Dike Design Camping, 💻 www.design-camping.de.

Beim Zeltcamping dagegen stellt sich unweigerlich die Frage nach einer geeigneten Schlafunterlage und dem richtigen Schlafsack und im Zubehörhandel finden Sie ein breites Spektrum an unterschiedlichen Schlafsäcken, Luftmatratzen und selbstaufblasenden Isomatten.

Schlafunterlagen fürs Zeltbett

Hartgesottene greifen zur klassischen Isomatte aus Schaumstoff mit geschlossenen Zellen („Evazote"), deren Preis-Leistungs-Verhältnis konkurrenzlos ist. Sie ist zuverlässig und unempfindlich, isoliert hervorragend und zeichnet sich durch ein geringes Gewicht aus. Der Schlafkomfort ist allerdings nur spartanisch, denn durch die geringe Dicke spüren Sie jedes Steinchen im Rücken. Da sich die Schaummatten nicht falten lassen, bekommen Sie es beim Transport außerdem mit einer breiten, recht sperrigen Rolle zu tun.

Traditionelle Isomatten eignen sich hervorragend als zusätzliche Unterlage und schützen, wenn Sie sie unter das Zelt legen, den Zeltboden vor Blessuren durch Steine und Äste. Praktisch ist auch ein etwa 30 x 40 cm großes Stück einer solchen Isomatte als Sitzunterlage zum Platznehmen vor dem Zelt oder auf den Stühlen im Campingimbiss, wenn diese zu hart sind, zu benutzen.

Einen deutlich höheren Schlafkomfort bieten Luftmatratzen. Das Funktionsprinzip ist denkbar simpel: Mehrere Kammern in einer luftdichten Hülle werden zu einer mehr oder weniger bequemen Matratze aufgeblasen. Luftmatratzen gibt es in den unterschiedlichsten Ausführungen und Materialien, die komfortablen „Luftbetten" für zwei Personen sind sogar mit einer integrierten elektrischen Pumpe ausgestattet.

Für zwei- oder dreimal Campen im Jahr sind Luftmatratzen sicherlich keine schlechte Wahl. Dank der dicken Luftpolsterung von mehreren Zentimetern spürt der Schläfer von Baumwurzeln oder anderen Bodenunebenheiten nur wenig, das leicht „schaukelige" Schlafgefühl ist allerdings nicht jedermanns Sache. Außerdem sollten Sie sich im Klaren darüber sein, dass eine Luftmatratze nicht wirklich isoliert und es in kalten Nächten von unten schnell ungemütlich werden kann.

Neben dem einfachen Urtyp der klassischen Luftmatratze drängen in den letzten Jahren vermehrt High-Tech-Thermo-Luftmatratzen auf den Markt. Sie sind durch neue Materialien extrem leicht und lassen sich besonders klein verpacken. Durch die clever angeordneten Kammern sind die Matratzen bis zum Rand hin sehr stabil und das wärmereflektierende Material sorgt für eine gute Isolation gegenüber dem kalten Boden. Wer noch mehr Wärmeleistung benötigt, greift zu einer Matte, deren Kammern mit Daunen oder Kunstfaser gefüllt sind. Zum Aufpumpen kommt entweder der mit einem Ventil ausgestattete Packsack zum Einsatz (funktioniert erstaunlich gut) oder es wird eine kleine Handpumpe mitgeliefert.

Moderne Thermo-Luftmatratzen vereinen geringes Gewicht und hohen Schlafkomfort.

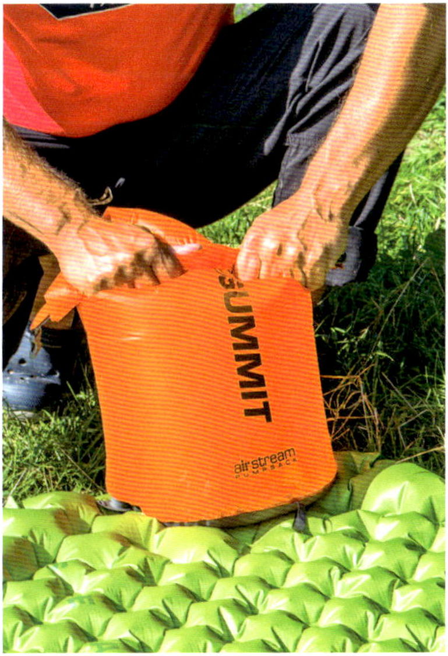

Vor dem Aufkommen der Leichtluftmatratzen galten selbstaufblasende Isomatten als Nonplusultra, wenn es auf hohen Schlafkomfort in Verbindung mit kleinem Packmaß ankam. Erfinder und Synonym für diesen Mattentyp, der die Vorteile von Luftmatratzen und traditionellen

Isomatten kombiniert, ist die Firma Therm-a-Rest, mittlerweile gibt es aber eine breite Auswahl an unzähligen Varianten der unterschiedlichsten Hersteller.

Der Kern dieser Matten besteht aus einem gut isolierenden, dämpfenden Füllmaterial, dass vor kalten Bodentemperaturen und Rückenschmerzen schützt. Der Begriff „selbstaufblasend" ist allerdings nicht wörtlich zu nehmen. Zwar saugt der Schaumstoff Luft an, sobald das Ventil geöffnet wird, in der Regel müssen Sie aber immer etwas nachpusten, um die gewünschte Festigkeit der Matte zu erzielen und bequem zu liegen. Zum Verpacken wird das Ventil wieder geöffnet und beim Zusammenrollen wird die Luft herausgedrückt, sodass sich die selbstaufblasenden Isomatten durch ein sehr handliches Packmaß auszeichnen.

☺ Mit einem Isomattenverbinder (ein Set aus Verbindungsgurten, die sich per Klettverschluss auf verschiedene Mattenbreiten einstellen lassen) lassen sich zwei einzelne Isomatten zu einer großen Liegefläche verbinden, bei der nichts verrutscht und niemand mitten in der Nacht in die Ritze rollt.

Wer nicht gerne mehr oder weniger direkt auf dem Boden schläft und sich weder mit Isomatte noch mit Luftmatratze anfreunden kann, findet eine mögliche Alternative im Feldbett. Es ist recht flott auf- und abgebaut und ist mit einem Gewicht von rund 5 kg gut zu transportieren. Dank des Gestells aus Metall hat die aufgespannte Liegefläche aus robustem Stoff einen ausreichend hohen Abstand vom Boden. Voraussetzung ist allerdings ausreichend Transportkapazität und ein großes Familienzelt – für kleinere Iglu- oder Tunnelzelte sind die Feldbetten einfach zu hoch, sodass Sie unweigerlich mit der Nasenspitze fast an die Zeltdecke stoßen würden.

Schlafsäcke

Wie bei so vielen Teilen der Campingausrüstung ist auch die Wahl der geeigneten Schlafunterlage von Person zu Person unterschiedlich. Haben Sie Ihre individuelle Entscheidung getroffen, so kann der Schlafsack ausgerollt werden.

Auch hier ist die Auswahl nicht ganz trivial. Klar ist: Ein dünner Sommerschlafsack reicht nicht für die Polarexpedition. Umgekehrt ist aber auch das dicke Daunenmonster beim sommerlichen Italienurlaub fehl am Platze.

Besonders universell sind die sogenannte 3-Jahreszeiten-Schlafsäcke mit einem breiten Einsatzbereich zwischen Frühjahr und Herbst. Eine klare Definition, was genau ein 3-Jahreszeiten-Schlafsack ist, existiert allerdings nicht, mit einer Temperaturuntergrenze von etwa -3 Grad Celsius überstehen Sie aber selbst leichten Nachtfrost ohne Frostbeulen und kommen aufgrund der Lüftungsmöglichkeiten aber auch in lauen Sommernächten nicht ins Schwitzen.

Temperaturangaben bei Schlafsäcken

Seit 2005 sind die Temperaturangaben bei Schlafsäcken europaweit genormt und die Isolationsfähigkeit wird nach einem einheitlichen Verfahren geprüft und bewertet (EN 13537, wer es genau wissen will).

Dazu wird eine Puppe in Lebensgröße (mittlere Größe, mittleres Gewicht, mittleres Alter) mit langer Unterwäsche und einer Mütze eingekleidet und kommt dann ausgerüstet mit Temperatursensoren in einen Schlafsack, der auf einer Isomatte in einer Klimakammer liegt. Dann wird die Puppe mittels Heizelementen auf Körpertemperatur gebracht und anschließend werden kontinuierlich Raumtemperatur und „Körpertemperatur" der Puppe gemessen, um die Isolationsfähigkeit des Schlafsacks zu ermitteln. Das Ergebnis der Messungen wird dabei in Form unterschiedlicher Temperaturwerte auf dem Schlafsacketikett angegeben:

- ▷ Die **Komforttemperatur** (T comf) gibt die Grenztemperatur an, bei der eine „Standardfrau" (25 Jahre, 60 kg, 1,60 m) gut schlafen kann, ohne zu frieren.
- ▷ Die **Grenztemperatur** (T lim) bezieht sich auf die Temperatur, bei der ein „Standardmann" (25 Jahre, 70 kg, 1,73 m) gerade noch nicht zu frieren beginnt.
- ▷ Die **Extremtemperatur** (T ext) bezieht sich wiederum auf Frauen und bezeichnet die Minimaltemperatur, bei der eine „Standardfrau" es sechs Stunden aushält, allerdings nicht ohne Schäden durch eine Unterkühlung zu riskieren.

Die EN-Norm schreibt zusätzlich als vierten Wert einen Maximalwert vor, der für die Praxis aber eher uninteressant ist, da sich der Schlafsack natürlich jederzeit öffnen lässt, wenn es einem zu warm wird.

☺ Kommt der Schlafsack im Sommer hauptsächlich als Decke zum Einsatz, so ist ein Spannbetttuch für die Isomatte oder Luftmatratze sehr zu empfehlen, da so der direkte Hautkontakt zur nicht gerade kuscheligen Kunststoffoberfläche vermieden wird.

Bester Orientierungspunkt bei der Kaufentscheidung ist die Komforttemperatur (T comf). Selbstverständlich empfindet jeder Mensch Kälte unterschiedlich, aber die unabhängigen Labormessungen ermöglichen es zumindest, verschiedene Schlafsäcke objektiv miteinander zu vergleichen und wer weiß, dass er leicht friert, greift eben zu einem Schlafsack mit entsprechend niedriger Temperaturangabe.

Tipps zur Schlafsackpflege

So verlängern Sie die Lebensdauer Ihres kostbaren Schlafsacks:

▷ Unterwegs sollte der Schlafsack morgens gut ausgeschüttelt, gelüftet und vollständig getrocknet werden.

▷ Ein dünner Innenschlafsack (gibt's aus Seide, Fleece sowie Baum- oder Merinowolle für zusätzliche Wärme) schützt den Schlafsack vor Schmutz und Schweiß und kann separat gewaschen werden.

▷ Schlafsäcke brauchen Platz! Niemals für längere Zeit in den engen Kompressionssack stopfen. Falls kein geräumiger Netzbeutel zur Aufbewahrung mitgeliefert wurde, können Sie den Schlafsack auch einfach frei liegen lassen oder aufhängen.

▷ Gewaschen werden sollte ein Schlafsack nur, wenn es wirklich notwendig ist, um die Isolationsfähigkeit nicht unnötig zu verringern.

▷ Beachten Sie beim Waschen unbedingt die Hinweise auf dem Pflegeetikett und verwenden Sie nur spezielle Pflegemittel für Daunen bzw. Kunstfaser. Anschließend gut spülen, um das Waschmittel restlos zu entfernen.

▷ Um Daunen nach dem Waschen ihre ursprüngliche Bauschwirkung zurückzugeben, gibt man zwei bis drei Tennisbälle mit in den Trockner – so kommt der Loft zurück und der Schlafsack hält beim nächsten Campingtrip wieder schön warm.

Schlafsäcke sollten nach Möglichkeit jeden Morgen gelüftet werden.

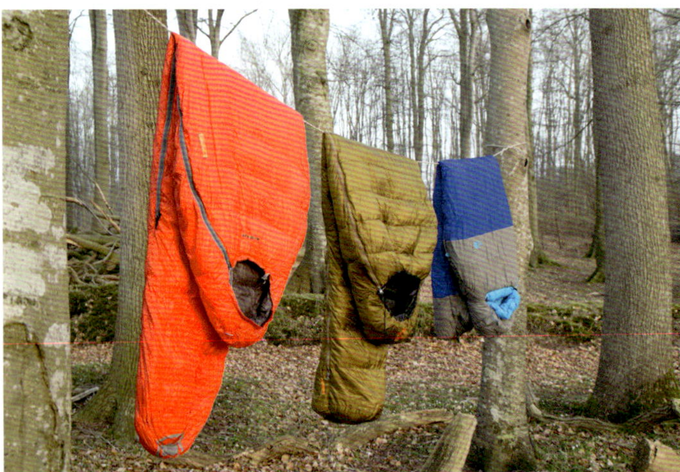

Daune oder Kunstfaser als Füllung?

Für Veganer stellt sich die Frage nach der Schlafsackfüllung nicht, allen anderen bleibt die Wahl zwischen Kunstfaser oder Daune. Selbstverständlich haben beide Materialien jeweils ihre Vor- und Nachteile, die es bei der Kaufentscheidung gegeneinander abzuwägen gilt.

Daune besticht durch ein ausgezeichnetes Isolationsvermögen bei geringem Gewicht und minimalem Packmaß, das bis heute nicht von Kunstfaserfüllungen erreicht wird. Eine recht zuverlässige Aussage über die Wärmeleistung eines Daunenschlafsacks lässt sich anhand von Füllmenge, Mischungsverhältnis von Daunen und Federn und dem sogenannten Bauschverhalten (gemessen in cuin = cubic inches) treffen. Als Faustregel lässt sich sagen: Bei gleicher Wärmeleistung ist ein Kunstfaserschlafsack etwa ein Drittel schwerer als ein vergleichbarer Daunenschlafsack.

Daunenschlafsäcke sind aber deutlich teurer als ihre Kunstfaserkollegen und wollen gut gepflegt werden. Weil sich Daunen als Totalausfall erweisen, wenn sie einmal nass geworden sind (und Sie haben dann große Mühe, sie wieder trocken zu bekommen), eignen sie sich am besten für kalte, trockene Reiseziele.

Nicht unerwähnt bleiben darf an dieser Stelle, dass Daunen als Naturprodukt Fragen in Sachen Tierschutz aufwerfen, denn im Nachhinein lässt es sich praktisch nicht mehr feststellen, ob die Daunen aus Lebendrupf oder aus Gänsemastbetrieben stammen, in den die Tiere qualvoll gestopft werden. Die Hersteller versuchen, diese Zweifel durch verschiedene Zertifizierung aus dem Weg zu räumen, ein einheitliches Qualitätssiegel gibt es aber bis heute leider nicht.

Keinerlei Gedanken über den Tierschutz müssen Sie sich dagegen machen, wenn Sie sich für einen Kunstfaserschlafsack entscheiden. Diese punkten außerdem mit einem günstigeren Preis, einem unkomplizierten Handling und die Kunstfaserfüllung wärmt selbst in nassem Zustand. Bei der Preisbetrachtung müssen Sie allerdings bedenken, dass Kunstfaserfüllungen schneller „altern" als ein gut gepflegter Daunenschlafsack. So verliert ein Kunstfaserschlafsack schon nach einigen Jahren seine Bauschkraft und büßt damit über die Zeit unweigerlich an Isolationsvermögen ein.

Formsache: Schlafsacktypen und Ausstattung

Zusätzlich zur Füllung entscheidet die Form über den Schlafkomfort und es stehen drei verschiedene Grundformen zur Auswahl. Rechteckige Deckenschlafsäcke mit umlaufendem Reißverschluss sind besonders geräumig und eignen sich in erster Linie für sommerliche Unternehmungen, bei denen hoher Schlafkomfort gewünscht wird, es aber nicht auf das letzte Quäntchen Wärmeisolation ankommt. Die Mehrzahl der angebotenen Schlafsäcke hat eine Mumienform und der Schnitt ist an den menschlichen Körper angepasst, damit keine unnötige Luft erwärmt werden muss. Der Schlafsack wird dabei von der breiten Schulterpartie zum Fußende hin schmaler, um bei hoher Isolationsfähigkeit Material einzusparen sowie Packmaß und Gewicht so gering wie möglich zu halten.

Eine Mischung aus Decken- und Mumienschlafsack stellen Schlafsäcke in Eiform dar.

Zu den wichtigsten Ausstattungsmerkmalen eines guten Schlafsacks zählen eine eng schließende Kapuze, ein Wärmekragen, der sich wie ein Schal um den Hals legt, sowie eine Abdeckleiste für den Reißverschluss, damit die warme Luft nicht entweichen kann und der Wärmeverlust so gering wie möglich ausfällt.

☺ Während Sie bei den Isomatten für Kinder keine speziellen Größen benötigen, sollte der Schlafsack möglichst gut auf die Körpergröße abgestimmt werden. Er sollte nicht zu groß sein, damit die Füße nicht kalt werden, muss auf der anderen Seite aber ausreichend Reserve für den nächsten Wachstumsschub mitbringen. Optimal auf diese Anforderungen abgestimmt sind mitwachsende Kinderschlafsäcke, bei denen die Länge per Erweiterung am Fußende vergrößert werden kann.

Was anziehen im Schlafsack?

Es existieren die unterschiedlichsten Theorien, wie man in kalten Nächten am besten warm bleibt: Nacktschlafen, sich in vielen Lagen besonders dick einmummeln oder einfach in der gleichen Kleidung wie zu Hause in den Schlafsack. Was stimmt denn nun?

Tatsache ist, dass ein Schlafsack niemals selbstständig Wärme erzeugt, sondern lediglich die Körperwärme speichert und gegen die kalte Außenluft isoliert. Beim Nacktschlafen heizt sich der Schlafsack zwar schneller auf, allerdings kühlt der Körper rascher aus und auf Dauer ist diese Variante daher kälter. Wer sich dick in mehrere Kleidungsschichten einmummelt, gerät schnell ins Schwitzen und der Schlafsack wärmt sich langsamer auf. Schlimmer noch: Die entstandene Feuchtigkeit senkt die Isolationsfähigkeit des Schlafsacks. Ideal ist daher leichte Bekleidung, wie z. B. lange Unterwäsche oder ein Schlafanzug, die etwas isoliert, aber dennoch einen Wärmeaustausch zulässt.

So viel Luxus muss sein: Campingmöbel

Sobald das Zelt aufgebaut und die Schlafstätte aus Isomatte und Schlafsack gerichtet ist (immer gleich als erstes erledigen, bevor es dunkel wird!), die Markise am Wohnmobil ausgefahren ist oder der Caravan an die Wunschposition rangiert und ausgerichtet wurde, kann es zum gemütlichen Teil übergehen und der Campingurlaub so richtig beginnen.

Jetzt einfach erst einmal Platz nehmen, einen Kaffee oder ein Kaltgetränk genießen und dem bunten Treiben auf dem Campingplatz zuschauen. Auch eine auf dem Boden ausgebreitete Picknickdecke hat ihren Reiz, für gemütlichen Komfort sorgen aber erst die richtigen Campingmöbel. Für viele Camper ist daher ein Leben ohne eigene Sitzgelegenheit praktisch undenkbar und Campingtisch und -stühle dürfen auf keinen Fall fehlen.

Das Angebot an Campingmöbeln ist riesig, um nicht zu sagen: absolut unübersichtlich. Es gibt eine Vielzahl an Ausführungen mit den unterschiedlichsten Extras und so lässt sich für jeden Einsatzzweck und jeden Anspruch das perfekte Modell finden. Wie beim übrigen Gepäck auch gilt es, den Spagat zwischen möglichst kleinem Packmaß und geringem Gewicht auf der einen Seite und maximalem Komfort auf der anderen Seite zu meistern.

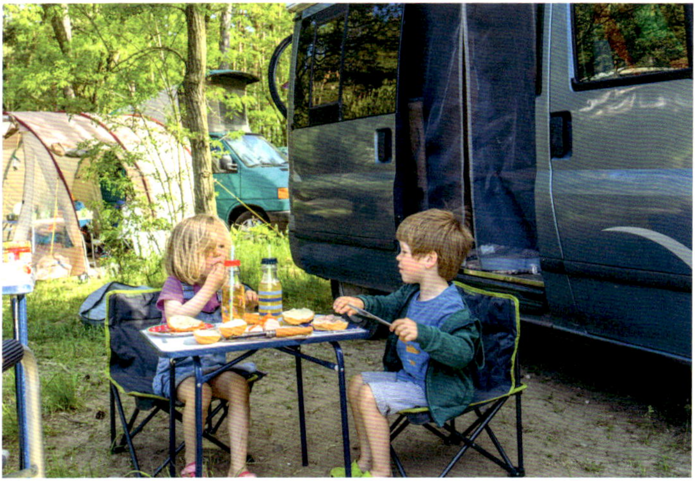

Campingmöbel in xs

Bequem sitzen: Welcher Campingstuhl ist der beste?

Essen, lesen oder einfach nur entspannen: Mit Sicherheit werden Sie in ihrem Campingstuhl jede Menge Zeit verbringen und er sollte daher möglichst komfortabel und gemütlich sein. Versuchen wir also, etwas Ordnung in das breit gefächerte Angebot an Campingstühlen zu bringen.

Steht nur wenig Platz zur Verfügung, z. B. wenn Sie mit dem Fahrrad oder im Kanu unterwegs sind, dann führt kein Weg an ultraleichten Campingstühlen vorbei. Sie wiegen in der Regel weniger als 1 kg und die kompaktesten Modelle nehmen zusammengefaltet nicht viel mehr Platz ein als eine 1,5 l Getränkeflasche. Natürlich ist der Sitzkomfort bei diesen Ministühlen eingeschränkt, aber deutlich höher als bei der zuvor erwähnten Minimalvariante mit Picknickdecke oder Isomatte als Sitzunterlage.

Sind Sie mit dem Auto unterwegs und haben mehr Transportkapazität zur Verfügung, so stellen Strandstühle eine interessante und kostengünstige Alternative dar. Diese Modelle, bei denen die Sitzfläche nur eben über dem Boden schwebt, geben dank der Rückenlehne nicht nur am Strand, sondern auch auf dem Campingplatz eine gemütliche Sitzgelegenheit ab. Aufgrund der geringen Sitzhöhe sind diese Modelle zwar nicht dafür geeignet, am Tisch Platz zu nehmen, dafür kann man aber bequem die Beine ausstrecken und sich gemütlich nach hinten lehnen. Auch für Kinder ist die geringe Höhe der Sitzfläche optimal.

Bei Campingbusfahrern stehen Faltstühle hoch im Kurs. Sie bestehen aus einem robusten Stahlgestänge, zwischen dem die Sitzfläche und Rückenlehne aus einem abriebfesten Polyester-Ripstop-Gewebe aufgespannt wird. Sie zeichnen sich durch ein recht kompaktes Faltmaß aus, sind im Handumdrehen aufgebaut und bieten oftmals nützliche Details, wie einen in der Armlehne integrierten Getränkehalter.

Eine Alternative sind die sogenannten Regiestühle, die in der Luxusausführung sogar eine kleine Seitenablage an der Armlehne mitbringen, auf denen Sie ein Getränk oder ein Buch ablegen können. Sie bestehen aus zwei seitlichen Rahmen, zwischen denen Sitzfläche und Rückenlehne aufgespannt werden, und erlauben eine recht bequeme, aufrechte Sitzposition.

Da der Rahmen üblicherweise aus Aluminium besteht, sind die meisten Regiestühle etwas leichter als ein Faltstuhl in vergleichbarer Größe. Allerdings beanspruchen sie im Kofferraum mehr Platz, da die beiden Seitenteile als Ganzes zusammengeklappt werden und so ein ca. 10 cm hohes Paket mit einer Abmessung von etwa 70 x 60 cm entsteht.

Für Wohnmobil- und Caravanfahrer mit viel Stauraum bietet ein Campingklappstuhl mit hoher Rückenlehne das Nonplusultra an Sitzkomfort. Handling und Packmaß sind vergleichsweise schlecht, dafür bietet die verstellbare Rückenlehne viele Möglichkeiten und je nach Lust und Laune sitzen Sie bequem aufrecht am Tisch oder lehnen sich weit zurück, um sich die Sonne ins Gesicht scheinen und es sich gut gehen zu lassen.

Unterliegen Sie auf keinem Fall dem Trugschluss, dass die Campingstühle in den einzelnen Kategorien doch ohnehin alle gleich aussehen und es letztendlich egal ist, welchen Campingstuhl Sie kaufen.

Grundsätzlich können Sie ab etwa € 50 solide Qualität erwarten. Günstigere Stühle aus dem Baumarkt oder vom Discounter sind dagegen oftmals nicht besonders robust und gehen schnell kaputt. Nach oben kennt der Preis keine Grenzen, aber zum Glück muss ein hochwertiger Campingstuhl nicht zwingend ein Vermögen kosten. Oftmals sind die Vorzüge und Stärken der einzelnen Modelle sehr subjektiv und es lohnt sich, bei dem Besuch auf einer Campingmesse oder einfach unterwegs freundlich beim Campingplatznachbarn nachzufragen und einfach einmal Probe zu sitzen.

Campingtische: Rollen oder klappen?

Ein Tisch, das ist laut Dudendefinition ein „Möbelstück, das aus einer waagerecht auf einer Stütze, in der Regel auf vier Beinen, ruhenden Platte besteht, an der gegessen, gearbeitet, auf die etwas gestellt, gelegt werden kann".

Auch Campingtische bestehen im Prinzip aus vier Beinen und einer Platte. Grundsätzlich haben Sie dabei die Wahl zwischen zwei unterschiedlichen Konstruktionsformen, nämlich dem Roll- und dem Klapptisch.

Bei Rolltischen entsteht die Tischfläche durch Lamellen, die durch Gummizüge miteinander verbunden sind und auf einem Untergestell befestigt werden. Ihre herausragende Stärke ist das besonders geringe Packmaß.

Klapptische dagegen gewährleisten durch die durchgängige Tischplatte einen besonders stabilen Stand. Praktisch in diesem Zusammenhang sind einzeln in der Höhe justierbare Beine, damit der Tisch sich auch auf unebenen Böden bequem gerade ausrichten lässt und nicht wackelt.

Ob zum Essen, als Arbeitsfläche, Ablage oder Spielunterlage: Erfahrungsgemäß wird der Campingtisch schnell zum Mittelpunkt des Geschehens und neben der Entscheidung für einen Roll- oder Klapptisch müssen Sie sich auch auf eine bestimmte Größe festlegen. Wer nur gelegentlich eine Kaffeetasse und sein Buch ablegen möchte, kommt mit einem kleinen Tisch aus. Für das umfangreiche Abendessen mit mehreren Personen kann die Tischplatte dagegen eigentlich gar nicht groß genug sein. Zusätzlichen Stauraum schafft eine Gitternetzablage unterhalb der Tischplatte.

Wetterschutz: Tarps, Markisen und Vorzelte

Ob Frühstück bei Vogelgezwitscher mit Blick auf den See oder Grillabend unter leuchtendem Sternenhimmel: Beim Camping verbringen Sie viel Zeit im Freien. Aber nicht immer spielt das Wetter mit. In der Mittagshitze ist Schatten gefragt und bei leichtem Regen möchte man sich nicht gleich ins Zelt oder Fahrzeug verkriechen.

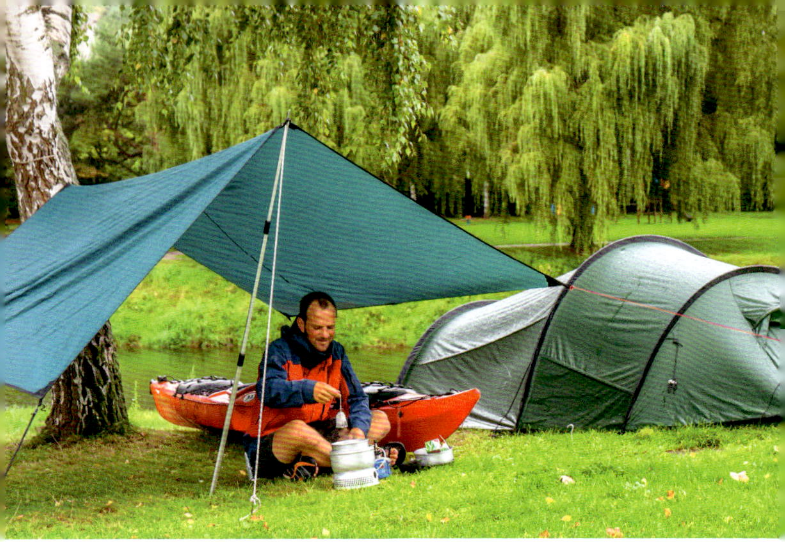

Tarp als Regendach

Gesucht wird daher eine möglichst unkomplizierte Erweiterung des Wohnraums. Eine solche Loggia-to-go bietet Schutz vor Sonne und Regen und schafft einen überdachten Platz zum Sitzen, Kochen oder Unterstellen von Grill, matschigen Gummistiefeln oder den Fahrrädern. Die Entscheidung, ob das mobile Zuhause am besten per Tarp, Markise oder Vorzelt ergänzt wird, hängt dabei maßgeblich von der gewählten Campingform ab.

Bei Tarps handelt es sich im Prinzip um einfache Zeltplanen aus wasserdichtem Material, die an den Ecken mit Abspannösen ausgestattet sind. So lässt sich das Tarp mit Schnüren an Bäumen befestigen oder Sie nutzen spezielle Tarpstangen, Äste, Paddel, oder was sonst gerade zur Hand ist, zum Aufstellen. Der Fantasie sind dabei keine Grenzen gesetzt und mit etwas Übung gelingt der Aufbau im Handumdrehen.

Trotz oder gerade wegen des simplen Grundprinzips sind Tarps unglaublich vielseitig einsetzbar und echte Multitalente. Sie können als Sonnensegel oder Regendach aufgespannt werden, eigenen sich prima als Verlängerung des Zelteingangs oder dienen als luftiger Koch- und Essplatz für die ganze Familie vor dem Zelt. Neben der Flexibilität sind das geringe Gewicht und das kleine Packmaß die weiteren Stärken eines Tarps, das eigentlich bei keinem Zelturlaub fehlen darf.

Bei Wohnmobilfahrern hoch im Kurs stehen Markisen, die ruckzuck einsatzbereit sind: Einfach das WoMo parken und die Markise auskurbeln (entweder konventionell per Handkurbel oder bei den Luxusmodellen sogar automatisch per

Motor), dann nur noch die zwei Stützen an den vorderen Ecken ausfahren und per Hering am Boden fixieren – fertig! Da die Tuchrolle fest am Fahrzeug installiert ist, entfällt zusätzliches Gepäck und Sie brauchen bei der Abreise keine, womöglich feuchte, Plane samt Gestänge im Fahrzeug zu verstauen.

Markisen spielen ihre Stärken bei häufigen Ortswechseln aus und taugen vor allem als Sonnenschutz, aber nur begrenzt bei schlechtem Wetter. Zwar halten sie auch Regen bis zu einem gewissen Grad ab, bereiten allerdings bei Wind Probleme. Dann müssen Markisen sehr gut abgespannt werden oder, wenn Sturm aufkommt, sogar komplett eingefahren werden, denn die ausgefahrene Markise entfaltet eine enorme Hebelwirkung. Bleiben Sie länger an einem Ort, lassen sich moderne Markisen mit allerlei Zubehör wie Sonnensegeln und Seitenwänden zum Vorzelt aufrüsten.

Wer ohnehin längere Zeit auf einem Campingplatz verweilt oder mehr Wert auf einen vollständigen Sicht- und Wetterschutz legt, greift besser gleich zu einem vollwertigen Vorzelt, denn das ist günstiger als die Aufrüstung einer Markise per Ergänzungssets.

Ein Vorzelt bieten einen vollwertigen zusätzlichen Wohn- oder Stauraum und dient in der kalten Jahreszeit als Schmutz- und Kälteschleuse. Vorzelte sind in den unterschiedlichsten Varianten und Größen vom kleinen Vorraum bis zum Riesenzelt mit separater Schlafkabine erhältlich, sodass sich für jeden Anspruch ein geeignetes Modell findet.

Die Anforderungen an ein gutes Vorzelt sind hoch: Stabil und robust muss es sein, aber auch möglichst klein zu verpacken und leicht zu transportieren. Unbedingt zu empfehlen sind selbständig stehende Zelte, die sich leicht vom Fahrzeug entkoppeln lassen. So sind unkomplizierte Ausflüge mit dem Campingbus möglich, ohne dass das Vorzelt jedes Mal vollständig abgebaut werden muss.

Maßgeblich für die Freude am Vorzelt ist aber vor allem eine einfache Handhabung. Gestaltet sich der Aufbau zu kompliziert, so sind verzweifeltes Haareraufen und Wutausbrüche vorprogrammiert. Das katapultiert nicht nur die Stimmung in den Keller, noch bevor der Urlaub richtig begonnen hat, sondern führt mit ziemlicher Sicherheit dazu, dass ein solches Vorzelt nach ein paar Sommern auf Nimmerwiedersehen im Keller oder der Garage verstaubt.

Besonders einfach gestaltet sich der Aufbau bei Zelten mit Luftgestänge, die sich seit einigen Jahren steigender Beliebtheit erfreuen und beinahe so schnell stehen, wie eine Markise ausgekurbelt ist: Dazu wird das Vorzelt zunächst in die Kederschiene des Wohnwagens eingefädelt. Soll das Vorzelt an einem Wohnmobil befestigt werden, wird zusätzlich ein Kederadapter benötigt, um das Vorzelt in der etwas dünneren Kederschiene zu montieren, wie sie an den gängigen Markisen zu finden ist. Dann werden die in die Zelthaut integrierten Luftschläuche per

Doppelhubpumpe auf etwa 0,4 bar aufgepumpt. Wie von Zauberhand stellt sich das Zelt quasi von selbst auf. Alles rückt sich automatisch in die richtige Position und das Zelt braucht nur noch abgespannt zu werden.

Vorbehalte gegenüber der Robustheit von Luftzelten sind absolut fehl am Platz, denn selbst bei starker Belastung können die Luftschläuche maximal einknicken, Sie riskieren aber im Gegensatz zu einem konventionellen Vorzelt mit Glasfiber- oder Stahlgestänge keinen Gestängebruch.

Sowohl Markisen wie auch Vorzelte müssen natürlich perfekt passen und auf die jeweilige Fahrzeughöhe abgestimmt werden. Hier ist eine umfassende Beratung bei einem Fachhändler oder bei einem Messebesuch dringend zu empfehlen.

☺ Probieren Sie, insbesondere bei Vorzelten, den Aufbau in Ruhe vor dem Urlaub aus. Die Aufbauanleitungen sind leider nicht immer auf Anhieb verständlich.

Wohlige Wärme: Mobile Heizgeräte gegen kalte Füße

Wer nicht nur im Sommer, sondern auch im Frühjahr und Herbst oder vielleicht sogar im Winter campen gehen möchte, braucht eine Möglichkeit zum Heizen. In Wohnmobilen und Wohnwagen sorgen Gasheizungen auf Knopfdruck (inzwischen gibt es sogar schon „vernetzte" Geräte, die sich bequem per Smartphone-App fernsteuern lassen) für wohlige Wärme.

Am weitesten verbreitet sind dabei gasbetriebene Luftheizungen (bekanntester Anbieter ist die Firma Truma), d. h. eine offene Flamme erwärmt über einen Wärmetauscher die Umgebungsluft, die dann per Gebläse im Raum verteilt wird. Bei kompakten Campervans werden dagegen oftmals Diesel-Standheizungen verbaut, die den Brennstoff direkt aus dem Fahrzeugtank beziehen.

Wer sich auch im Klappcaravan oder im Vorzelt gegen kalte Füße wappnen möchte, braucht ein mobiles Heizgerät und findet im Campinghandel eine Vielzahl an Lösungen. Steht eine stabile Stromversorgung zur Verfügung, dann sind elektrische Heizlüfter eine recht unkomplizierte und sichere Lösung zum Heizen. Mit einem 2.000-Watt-Heizstrahler sind kleinere Wohnmobile und Kastenwagen schnell warm und bei nicht zu kalten Außentemperaturen lässt sich damit auch prima ein Vorzelt heizen.

Entscheiden Sie sich beim Kauf unbedingt für einen Keramikheizer, bei dem Keramikplatten statt den herkömmlichen Drahtwendeln als Heizelemente dienen. Da diese nicht glühen, können sie auch nicht durchbrennen und aufgrund der vergleichsweise niedrigen Temperatur ist auch die Verbrennungsgefahr geringer.

Ein Heizlüfter ist angenehm leise im Betrieb, benötigt nicht viel Stauraum und eignet sich aufgrund der kompakten Abmessungen auch als zusätzliche „Notheizung" im Wohnmobil oder Caravan, denn nach Murphys Gesetzen („Was schiefgehen kann, wird schiefgehen.") geht der Gasvorrat für die fest installierte Heizung grundsätzlich in einer kalten Herbst- oder Frühlingsnacht zur Neige. Wer dann einen Heizlüfter anschalten kann, spart sich den Gasflaschentausch im Dunklen.

Entscheidend für den zuverlässigen Betrieb eines Heizlüfters ist die Stromversorgung. Viele Camping- und Stellplätze in Deutschland sind mittlerweile mit 10 oder sogar 16 Ampere abgesichert. Der Stromverbrauch eines Heizlüfters lässt sich leicht mit der Formel „Stromstärke" (in Ampere) = „Leistung" (in Watt) geteilt durch die „elektrische Spannung" (in Volt) berechnen. Für einen Heizlüfter mit einer Leistung von 2.000 W gilt also: 2.000 W / 230 V = 8,7 A. Die Stromsäule des Stellplatzes sollte also mit mindestens 9 A abgesichert sein.

Für kleinere Campingplätze oder im Ausland ist es daher gut, wenn der Heizlüfter über mehrere Leistungsstufen verfügt und sich bei schwächerer Stromversorgung herunterregeln lässt. Die Beispielrechnung zeigt aber auch, dass Sie, wenn Sie den Heizlüfter auf der höchsten Stufe bei voller Heizleistung betreiben, keine weiteren elektrischen Geräte mehr anschalten sollten, denn ansonsten fliegt schnell die Sicherung raus.

Wenn der Strom nicht im Übernachtungspreis enthalten oder pauschal abgerechnet wird, geht der Betrieb eines Heizlüfters schnell ins Geld. Läuft ein 2.000-W-Heizlüfter tagsüber 12 Stunden lang auf voller Leistung, so ergibt sich ein Verbrauch von 12 h x 2.000 W = 24.000 Wh (= 24 kWH). Wenn jede Kilowattstunde mit 50 Cent berechnet wird, kommen so stolze € 12 an Energiekosten zusammen! Kein Wunder, dass Campingplatzbesitzer das Heizen per Strom nicht gerne sehen und mitunter im Kleingedruckten sogar untersagen.

Als Alternative zum Heizen per Strom eignen sich Petroleum- oder Gasheizungen, die unabhängig vom Stromnetz funktionieren. Da beim Betrieb aber Sauerstoff verbrannt wird, schließen die Hersteller den Einsatz in geschlossenen Räumen aus. Petroleum- und Gasheizungen eignen sich daher für das Beheizen von Vorzelten, aber nicht für den Dauereinsatz im Wohnmobil.

Petroleumheizungen sind eher exotisch. Aufgrund der kräftigen Heizleistung eignen sie sich aber hervorragend, um das Vorzelt selbst im Winter warm zu bekommen. Regeln lässt sich die Heizleistung in der Regel aber nicht und der Ofen „bollert" immer mit voller Leistung. Nachteilig ist außerdem der unangenehme Petroleumgeruch beim An- und Ausschalten der Heizung (im laufenden Betrieb verschwindet der Geruch) und das Gehäuse kann sehr heiß werden. Dafür sind Petroleumheizungen vergleichsweise günstig in der Anschaffung und der benötigte Brennstoff ist zu moderaten Preisen in praktisch jedem Baumarkt zu bekommen.

Bei Campern sehr beliebt sind Gasheizungen, die in den unterschiedlichsten Ausführungen und Leistungsstufen vom kleinen Kartuschenheizer bis zur leistungsstarken Vorzeltheizung angeboten werden. Sie lassen sich meist einfach bedienen, sind sehr gut zu regulieren und zeichnen sich durch eine saubere Verbrennung und relativ geringe Verbrauchskosten aus.

Deutlich sicherer und komfortabler als billige Gasheizstrahler, die meist direkt auf die Gaskartusche oder -flasche aufgeschraubt werden, sind Katalyt-Gasheizungen. Hier gibt es keine offene Flamme und die besseren Modelle verfügen für den gefahrlosen Betrieb über eine Reihe von Sicherheitssensoren, die die Heizung beim Umkippen sowie bei einem zu geringen Sauerstoffanteil in der Luft automatisch abschalten.

In jedem Fall sind aber einige Vorsichtsmaßnahmen für den sicheren und unproblematischen Betrieb der mobilen Heizungen zu beachten:

- ▷ Achten Sie auf einen sicheren Stand der Heizung und sichern Sie das Gerät gegen Umfallen.
- ▷ Sorgen Sie für eine ausreichende Lüftung.
- ▷ Platzieren Sie die Heizung im sicheren Abstand zu Gummi, Kunststoff und Textilien.
- ▷ Betreiben Sie die Heizungen, insbesondere solche mit Gas und Petroleum, niemals unbeaufsichtigt.

Während sich Gasheizungen unter Beachtung der genannten Punkte durchaus für den Betrieb in Klappcaravans, Vorzelten oder ausreichend großen Hauszelten eignen, ist vor ihrem Betrieb in kleineren Trekkingzelten dringend abzuraten. Auch den Kocher laufen zu lassen oder Teelichter als „Zeltheizung" sind keine gute Idee. Es besteht immer die Gefahr einer Kohlenmonoxidvergiftung oder des Erstickens durch Sauerstoffmangel und die Zelthaut fängt bei Kontakt mit der offenen Flamme schnell Feuer. Hier sind ausreichend dicke Kleidung sowie ein warmer Schlafsack in Verbindung mit einer guten Isomatte die bessere Lösung.

Eine Ausnahme in dieser Hinsicht bilden spezielle Tipis oder Laavus (☞ „Camping in Reinform: Zelte"). Diese verfügen über gute Belüftungsmöglichkeiten sowie einen leistungsfähigen Rauchabzug und die Zeltplane ist mit einer feuerhemmenden Beschichtung versehen, sodass sich diese Zelte im Winter mit Holz in einer Feuerschale oder einem speziellen Zeltofen sicher heizen lassen. Da offenes Feuer aus gutem Grund auf kaum einem Campingplatz gestattet ist, sollten Sie sich aber in jedem Fall vorab erkundigen, inwieweit das Heizen per Zeltofen möglich ist.

Fahrradtransport

Für Ausflüge, aber auch die oftmals weiten Wege auf weitläufigeren Campingplätzen ist es eine feine Sache, die eigenen Fahrräder dabeizuhaben. Damit die Drahtesel sicher mit in den Urlaub fahren, gibt es aber einige Punkte zu beachten.

Sauber, trocken und vor den begehrlichen Blicken von Langfingern geschützt stehen die Bikes in der Heckgarage des Wohnmobils. Alternativ ist das Heck vieler Reisemobile bereits mit Befestigungspunkten für einen Fahrradträger ausgestattet.

Als Alternative zur bei den meisten Caravans fehlenden Heckgarage ist allerdings ein Deichselträger die bessere Lösung, denn jedes zusätzliche Kilogramm hinten verringert die Stützlast.

Bei Campingbussen müssen die Räder in jedem Fall außen am Auto mitfahren. Dazu kommen drei Transportvarianten in Frage. Träger gibt es fürs Dach, fürs Heck und für die Anhängerkupplung. Dachträger sind die Klassiker für den Radtransport mit dem Pkw. Sie sind für nahezu jedes Kfz-Fabrikat erhältlich und bieten bei moderaten Anschaffungskosten Platz für bis zu vier Räder. Für den spontanen Wochenendausflug mit Rad im Gepäck sind Dachträger aber weniger gut

Heckfahrradträger

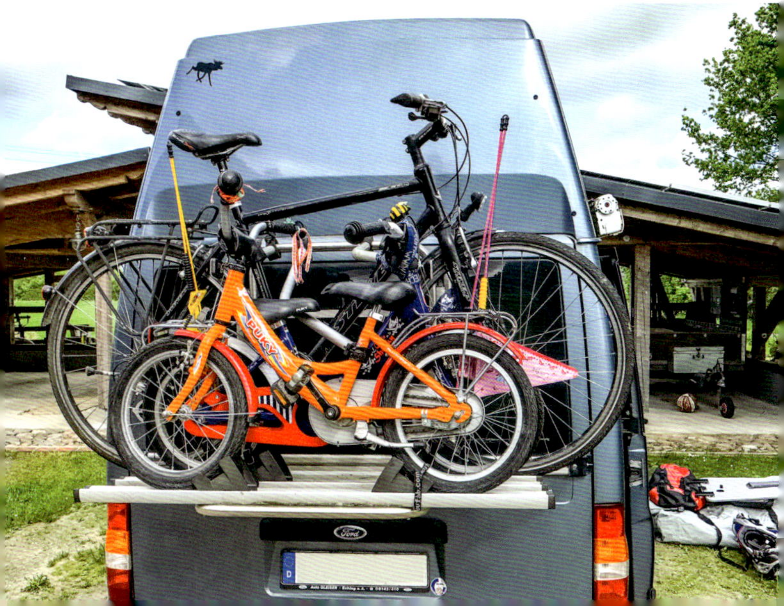

geeignet. Die Montage des Trägers nimmt einige Zeit in Anspruch und ist recht aufwändig. Auch das Überkopfverladen der Räder ist wenig vergnügungssteuerpflichtig.

Deutlich schneller sind Heckträger montiert, die zudem die Fahrdynamik weniger stark beeinträchtigen und da die Ladung quasi im Windschatten mitfährt, fällt der Mehrverbrauch geringer aus als bei Dachträgern. Am geringsten ist der zusätzliche Spritverbrauch bei Fahrradträgern für die Anhängerkupplung. Laut ADAC-Vergleichstest steigt der Spritverbrauch bei zwei Rädern auf dem Dach im ungünstigsten Fall um über 40 %. Deutlich geringer ist der Mehrverbrauch beim Verladen der Räder auf einem Fahrradträger für die Anhängerkupplung. Er beträgt laut ADAC bei gleichen Bedingungen nur 18 %.

Fahrradträger für die Anhängerkupplung sind besonders flexibel und eine gute Wahl für Langstreckenfahrten. Die Montage geht leicht von der Hand, bei guten Modellen reicht ein Handgriff, um den Träger aufzusetzen und zu verspannen und sie lassen sich an praktisch jedem Auto nutzen, das mit einer Anhängerkupplung ausgestattet ist. Oftmals besteht die Möglichkeit, mit zusätzlichen Schienen die Ladekapazität auf bis zu vier Bikes zu erweitern. Junge Familien sind so gut vorbereitet und brauchen keinen neuen Träger zu kaufen, wenn der Nachwuchs da ist.

☺ Für Fahrer von einem Caravangespann sind Kombiträgersysteme, die wahlweise auf der Wohnwagendeichsel oder aber bei Fahrten ohne Hänger im Schlepptau auf der Anhängerkupplung des Pkws montieren werden können, besonders praktisch.

Aufgrund der niedrigen Bauhöhe wird das Hochheben der Fahrräder zum Kinderspiel und selbst schwere E-Bikes sind ohne große Kraftanstrengung verladen. Die besser ausgestatteten Modelle lassen sich abklappen oder hervorziehen, sodass Sie trotz Fahrrädern im Schlepptau noch an den Kofferraum kommen. Abgerundet wird die Ausstattung durch zusätzliche Rück- und Bremslichter, die über die Anhängersteckdose problemlos angeschlossen werden können sowie eine Aufnahmevorrichtung für ein zusätzliches Kfz-Kennzeichen, da ja die Rückfront des Fahrzeugs komplett verdeckt wird.

Der größte Nachteil von Kupplungsträgern ist sicherlich der verhältnismäßig hohe Preis und die Anschaffung will daher wohl überlegt sein.

Die folgenden Fragen helfen Ihnen bei der Kaufentscheidung und der Auswahl eines geeigneten Fahrradträgers:

- ▷ Wie aufwändig ist die Erstmontage? Wird der Träger komplett aufgebaut geliefert oder ist zunächst Basteln angesagt und der Träger muss aus unzähligen Teilen zusammengepuzzelt werden?

- ▷ Wie werden die Fahrräder befestigt? Gibt es clevere Befestigungslösungen oder wollen unzählige fummelige Gurte verzurrt werden?
- ▷ Lassen sich die Fahrräder am Träger anschließen oder wird ein separates Schloss zur Diebstahlsicherung benötigt?
- ▷ Lässt sich der Träger abklappen oder ausziehen, damit Sie an den Kofferraum kommen?
- ▷ Welchen Platz beansprucht der Träger, wenn er nicht am Auto gebraucht wird? Wer nur wenig Platz in der Garage hat, greift zu einem zusammenklappbaren Modell.

Vor- und Nachteile der verschiedenen Fahrradträgersysteme auf einen Blick

	Dachträger	**Heckträger**	**Träger für die Anhängerkupplung**
Vorteile	+ günstig in der Anschaffung + Ladekapazität für bis zu 4 Bikes + freie Sicht nach hinten	+ einfacher zu beladen als Dachträger + geringerer Mehrverbrauch als Dachträger + leicht zu (de-)montieren	+ niedrige Ladehöhe + sichere Befestigung von bis zu 4 Fahrrädern + minimaler Mehrverbrauch + unkomplizierte, schnelle Montage + abschwenkbare Modelle erlauben den Zugriff auf den Kofferraum + unabhängig vom Autofabrikat
Nachteile	- aufwändige (De-)Montage-Beladung nur über Kopf möglich - Fahrverhalten wird negativ beeinträchtigt - erhöhter Treibstoffverbrauch - Fahrzeughöhe nimmt deutlich zu	- in der Regel nur für bis zu 2 Bikes - eingeschränkter Zugang zum Kofferraum - Gefahr von Lackschäden am Auto	- es wird eine Anhängerkupplung benötigt - oftmals hohes Gewicht und teure Anschaffungskosten

Sicher unterwegs mit Fahrradträger

Mit einem Fahrradträger ist die Höchstgeschwindigkeit in der Regel auf 120 oder 130 km/h begrenzt. Die exakte Geschwindigkeitsbegrenzung finden Sie in der Betriebsanleitung des Fahrradträgers. Stellen Sie vor dem Losfahren sicher, dass alle Bikes richtig befestigt sind und die Zusatzbeleuchtung am Träger korrekt funktioniert. Kontrollieren Sie unterwegs regelmäßig den korrekten Sitz der Ladung. Soll es mit den Rädern im Gepäck ins Ausland gehen, so sollten Sie sich vor Reiseantritt über die abweichenden Vorschriften im Gastland informieren. In südeuropäischen Ländern wie z. B. Italien oder Spanien muss ein Heckfahrradträger, wie jegliche Ladung, die hinten über das Fahrzeug hinausragt, extra mit einer Warntafel gekennzeichnet werden.

Zubehör für die Ver- und Entsorgung bei Wohnwagen und -mobilen

Wohnmobil und Caravan bieten ein Höchstmaß an Komfort: Licht, fließend Wasser, Heizung und Kühlschrank und sogar ein Bad mit Dusche und Toilette sind selbstverständlich. Während sich zu Hause die Stadtwerke um die Wasser- und Energieversorgung kümmern, heißt es bei den mobilen Urlaubsbehausungen in Sachen Elektrizität, Frischwassernachschub und Entsorgung von Grauwasser und Fäkalien „selbst ist der Camper".

☺ Praktische Hinweise zur Ver- und Entsorgung finden Sie im ☞ Kapitel Campingpraxis.

Für den Landstromanschluss des Wohnmobils oder Caravans auf einem Camping- oder Stellplatz benötigen Sie ein CEE-Anschlusskabel mit dreipoligen, blauen Anschlüssen. Der CEE-Stecker kommt an die Stromsäule, das andere Ende mit der CEE-Kupplung wird am Fahrzeug eingestöpselt.

Flexibler ist nach meiner Erfahrung eine Adapterlösung bestehend aus einem Verlängerungskabel oder einer Kabeltrommel (immer vollständig abrollen!) sowie einer CEE-Kupplung auf Schukostecker auf der einen und einem CEE-Stecker auf Schukokupplung auf der anderen Seite. So kann das Wohnmobil auch an die üblichen „Haushaltssteckdosen" angeschlossen werden, die man mitunter noch auf kleineren Camping- oder Stellplätzen und im Ausland antrifft. Achten Sie in jedem Fall darauf, dass die Kabel für die Nutzung im Außenbereich geeignet sind. Um Steckverbindungen wirkungsvoll gegen Nässe und Schmutz zu sichern, gibt es im Campinghandel spezielle Sicherheitsboxen. Mit Plastiktüten und Klebeband geht es aber natürlich auch.

Für das Betanken des Frischwassertanks benötigen Sie einen Frischwasserschlauch aus Gummi oder Polyethylen, der im Idealfall trinkwassergeeignet, in jedem Fall aber PVC-frei sein sollte. Sehr zu empfehlen sind Hahnstücke mit unterschiedlichen Gewinden (1, ½", ¾"), um für verschiedene Wasserhahngrößen gewappnet zu sein.

Als gute Alternative eignet sich eine Gießkanne, die zudem gute Dienste leistet, wenn die Wasserzapfstelle außerhalb der Schlauchreichweite liegt oder die Anschlüsse nicht passen. Besonders komfortabel sind spezielle Frischwassereinfüllkannen aus lebensmittelechtem Polyethylen aus dem Campinghandel. Deren Ausgießtülle ist mit einem Entlüftungskanal ausgestattet, sodass das Wasser problemlos herausfließen kann.

In Nord- und Mitteleuropa können Sie darauf vertrauen, dass das Wasser Trinkwasserqualität hat, sofern es an der Zapfstelle nicht anders angegeben ist. Die Zugabe eines speziellen Zusatzes zur Trinkwasserkonservierung (in der Regel auf Basis von Silberionen) ist daher in der Regel nur erforderlich, wenn das Trinkwasser für längere Zeit im Tank verweilt. Bei Reisen nach Süd- oder Osteuropa dagegen sollten Sie nicht auf einen Zusatz zur Trinkwasserdesinfektion (meist auf Chlorbasis) verzichten, um gesundheitliche Probleme durch verunreinigtes Trinkwasser zu vermeiden. Da die Chlorbehandlung nur wenige Tage vorhält, kommen meist Kombipräparate zum Einsatz, die die Vorteile beider Substanzen kombinieren und das Trinkwasser sowohl desinfizieren als auch vor der Wiederverkeimung schützen.

Regelmäßige Tankreinigung

Um gesundheitsschädliche Algen, Keime, Pilze und Bakterien loszuwerden, empfiehlt sich eine regelmäßige Reinigung von Frischwassertank und Leitungen, mindestens aber eine Reinigung zum Beginn der Campingsaison.

Da es leider keinen Wirkstoff gibt, der alle Aufgaben auf einmal erledigt, ist eine Reinigung in drei Schritten erforderlich:

- **1. Schritt:** Grundreinigung, um den Biofilm (d. h. Belag von Mikroorganismen) zu beseitigen
- **2. Schritt:** Desinfektion, um Bakterien abzutöten
- **3. Schritt:** Entkalken, da Kalk selbst zwar nicht gesundheitsschädlich ist, aber ein guter Nährboden für Bakterien sein kann

Beachten Sie bei der Reinigung unbedingt die Anleitung, Dosierung und Einwirkzeit des jeweiligen Präparates und vergessen Sie abschließend nicht, gründlich zu spülen, um die Reinigungsmittel vollständig aus dem Trinkwassersystem zu entfernen.

Anbieter von Reinigungsprodukten sind z. B. 💻 www.certisil.de, 💻 www.drkeddo.de, 💻 www.multiman.de, 💻 www.yachticon.de oder 💻 www.wm-aquatec.de.

Flüssiggas spielt in Wohnmobilen und -wagen eine wichtige Rolle und wird für Kocher, Heizung und Kühlschrank verwendet. Bei sachgemäßer Verwendung und richtiger Wartung ist der Umgang damit sehr sicher.

Leider unterscheiden sich selbst in Europa die Gasanschlüsse von Land zu Land. Ein Tausch oder die Füllung der in Deutschland üblichen Gasflaschen ist ohne Probleme nur in Belgien, den Niederlanden, Österreich, Polen, Slowenien, Tschechien und Ungarn möglich. In den übrigen Ländern benötigen Sie einen speziellen Gasfülladapter, um die deutschen Gasflaschen durch autorisierte Füllstellen befüllen zu lassen. Alternativ gibt es auch Zwischenstücke, mit denen sich ausländische Flaschen an die in Deutschland gebräuchlichen DIN-Druckregler anschließen lassen.

Ein Sanitärzusatz für die Toilettenkassette beschleunigt die Zersetzung der Fäkalien und verhindert die Bildung unangenehmer Gerüche. Eine gute Ergänzung ist spezielles Toilettenpapier, dass sich besonders leicht auflöst und so Verstopfungen in der Toilette verhindert.

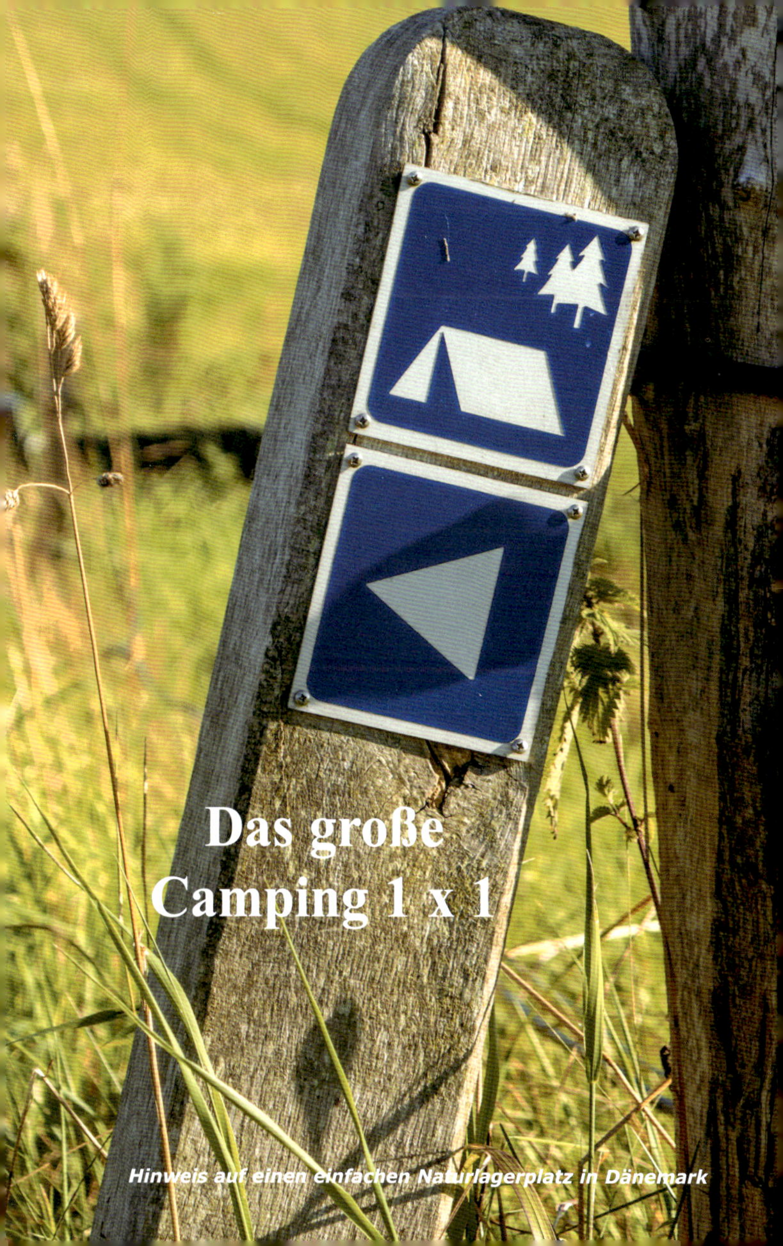

Das große Camping 1 x 1

Hinweis auf einen einfachen Naturlagerplatz in Dänemark

Spontanität, Freiheit und Flexibilität sind die besonderen Stärken eines Campingurlaubs. Das selbstbestimmte Reisen bringt es aber naturgemäß mit sich, dass Sie sich um alles selbst kümmern und organisieren müssen. Aber welche Übernachtungsplätze kommen für Camper überhaupt in Frage?

Schlafplatz gesucht

Wie schon das ☞ Kapitel „Camping ist bunt: Die weite Welt der Campingbehausungen" gezeigt hat, gibt es die unterschiedlichsten Campingformen und fast ebenso vielfältig ist die Auswahl bei den möglichen Übernachtungsplätzen. Das ist auch gut so, denn schließlich sind die Geschmäcker verschieden.

Den einen zieht es mit kleinem Zelt in die Wildnis, der andere fühlt sich auf einem einfachen Naturcampingplatz ohne viel Schnickschnack, aber in idyllischer Lage besonders wohl und ein Dritter schwört auf den Luxuscampingplatz mit Privatklo, Kinderanimation und Wellnessprogramm samt Sauna. Der Surfer mit Campervan schließlich braucht die wilden Wellen des Atlantiks.

Die Frage nach dem geeigneten Übernachtungsplatz wird in erster Linie durch die Campingart bestimmt. Mit Wohnwagen und Zelt sind Sie in der Regel auf einem Campingplatz am besten aufgehoben. Wohmobilisten können zusätzlich einen ausgewiesenen Stellplatz ansteuern oder eben „frei" stehen.

Für den sicheren Stand greifen Caravanfahrer zu Stützplatten, z. B. aus hochwertigem Kunststoff, die das Einsinken der Kurbelstützen in weichem Untergrund verhindern. Wohnmobilisten dagegen benötigen Auffahrkeile, um Geländeunebenheiten auszugleichen und das Fahrzeug waagerecht ausrichten zu können.

Stellplätze

Zu der Zeit, als der Reisemobiltourismus in den Kinderschuhen steckte, waren Wohnmobilfahrer nicht überall gern gesehene Gäste. Die Übernachtung auf Parkplätzen war Campingplatzbesitzern, die um ihre Einnahmen bangten, ein Dorn im Auge und auch viele Bürgermeister beäugten das Geschehen kritisch.

Der Luftkurort Viechtach am Schwarzen Regen im Bayerischen Wald war 1983 die erste Gemeinde in Deutschland, die auf einigen öffentlichen Parkplätzen offiziell das Übernachten im Wohnmobil gestattete. Was ursprünglich nur als ein auf vier Monate befristetes Pilotprojekt gedacht war, erwies sich als so erfolgreich, dass es den Grundstein für eine vielfältige Stellplatzlandschaft in Deutschland legte.

Dabei treten die Wohnmobilstellplätze nicht in Konkurrenz zu Campingplätzen, sondern ergänzen das Übernachtungsangebot. Sie sind in erster Linie für den kurzzeitigen Aufenthalt gedacht und es gibt keine festen Anreisezeiten.

Bezahlt wird die Übernachtungsgebühr oftmals an einem Automaten oder es kommt abends oder morgens der Platzwart zum Kassieren vorbei. Viele der städtischen Stellplätze zeichnen sich durch ihre sehr zentrale Lage aus und sind damit ein idealer Ausgangspunkt für Citytrips.

Inzwischen haben viele Kommunen die zahlungskräftige Klientel der Wohnmobilfahrer als nicht unerhebliche Einnahmequelle für die lokale Wirtschaft entdeckt und solche Stellplätze eingerichtet. Es gibt aber auch private Betreiber (die nicht selten selbst begeisterte Wohnmobilfahrer sind) und auch der ein oder andere Gasthof auf dem Land offeriert die Möglichkeit zur Übernachtung auf seinem Parkplatz, wenn man dort etwas isst. Last but not least haben mittlerweile auch die Campingplatzbetreiber erkannt, dass sich mit Wohnmobilfahrern Geld verdienen lässt und vielerorts Stellplätze vor der Schranke des eigentlichen Campinggeländes eingerichtet.

Wohnmobilplatz

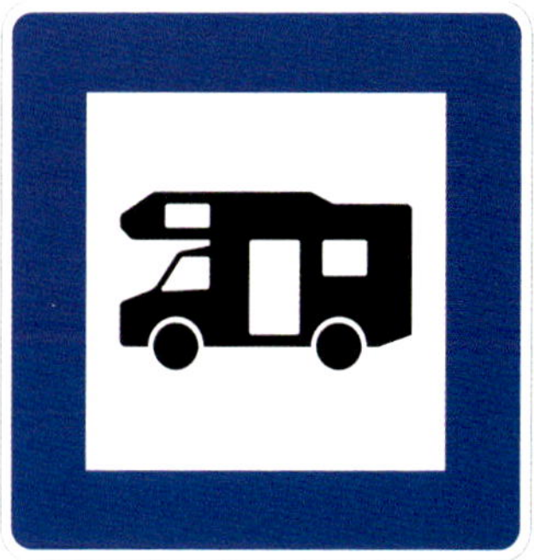

Wohnmobil- und Wohnwagenplatz

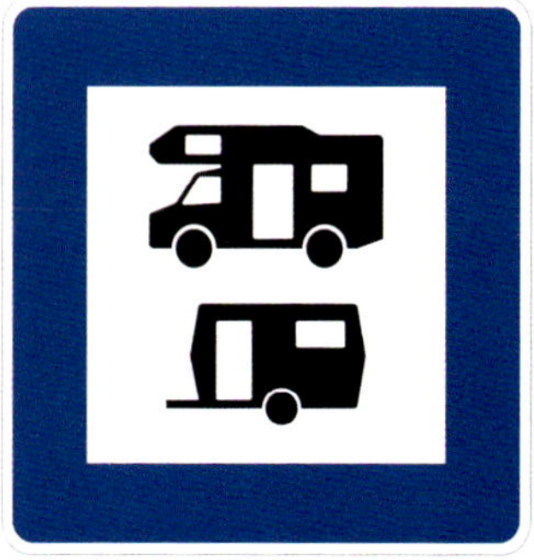

Die Serviceausstattung der Plätze ist dabei sehr unterschiedlich. In der einfachsten Form handelt es sich um eine reine Parkfläche, oftmals gibt es aber zusätzlich die Möglichkeit zur Ver- und Entsorgung sowie Stromsäulen. In der jüngeren Vergangenheit geht der Trend zu besser ausgestatteten Stellplätzen mit Sanitäranlagen, die sich kaum noch von Campingplätzen unterscheiden und selbst auf den Brötchenservice braucht hier nicht verzichtet zu werden. Entsprechend der Ausstattung variieren auch die Preise, die von kostenlos bis zu etwa € 20 pro Nacht für ein Wohnmobil samt zwei Personen reicht.

Die steigende Beliebtheit hat den Wohnmobilplätzen 2017 zu einem eigenen Hinweisschild verholfen, das zukünftig das bislang verwendete Parkplatzschild in Verbindung mit dem Zusatzsymbol für Wohnmobil ersetzen wird.

Während Stellplätze in der Vergangenheit oftmals Wohnmobilen vorbehalten blieben, akzeptieren inzwischen immer mehr Betreiber auch Wohnwagengespanne. Sie sind zu erkennen an dem Schild

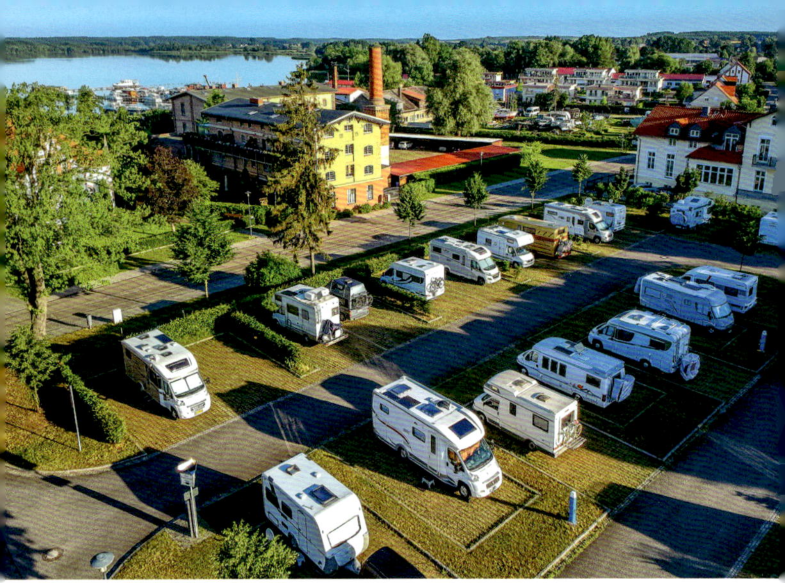

Wohnmobilstellplatz in Neustrelitz an der Mecklenburgischen Seenplatte

„Wohnmobil- und Wohnwagenplatz" und auch viele Stellplatzführer (☞ „Informationsquellen für die Suche nach Übernachtungsplätzen") machen Angaben dazu, ob der jeweilige Stellplatz auch für Caravangespanne geeignet ist.

Kleiner Stellplatzknigge

Die eigene Freiheit endet bekanntlich dort, wo die Freiheit des anderen beginnt. Das ist auf einem Stellplatz nicht anders als im übrigen Leben auch. Im Gegenteil: Da es gerade auf den beliebten Stellplätzen während der Hochsaison sehr eng werden kann, ist gegenseitige Rücksicht besonders wichtig.

Schwarze Schafe gibt es natürlich auch unter den Wohnmobilisten. In der Hoffnung, dass das Fehlverhalten, welches den Urlaubsfrieden auf einem Stellplatz erheblich stört, in der Regel auf Unwissenheit beruht, möchte ich an dieser Stelle die wichtigsten Regeln für ein gelungenes Miteinander aufführen.

Letztendlich entscheidet selbstverständlich der jeweilige Betreiber, was erlaubt und was verboten ist. Es gibt aber einige allgemeine (ungeschriebene) Verhaltensregeln, die das Miteinander für alle angenehmer gestalten.

Eine freundliche Begrüßung der anderen Camper gehört einfach zum guten Ton dazu und Hundehalter sollten darauf achten, dass sich die anderen Gäste nicht gestört fühlen. Zu den absoluten No-Gos auf einem Stellplatz zählen das

Ausspülen der Fäkalientanks an Wasserhähnen, an denen andere ihr Frischwasser zapfen, und das Missachten der vorhandenen Parkmarkierungen („Aber die Aussicht ist doch viel besser, wenn ich hier quer parke!"). Ebenfalls nicht die feine Art ist es, so eng am Nachbarn zu parken, dass dieser sich nur noch mit eingezogenem Bauch aus seinem Mobil quetschen kann – besonders wenn rundherum noch ausreichend Platz vorhanden wäre.

Und last but not least: Bevor Sie die Markise ausfahren und die Campingmöbel aufstellen, sollten Sie sich in jedem Fall erkundigen, ob dieses auf dem jeweiligen Stellplatz geduldet wird. Aber spätestens, wenn es an den Aufbau des Vorzelts gehen soll, muss die Frage gestattet sein, ob Sie nicht auf einem Campingplatz besser aufgehoben wären.

Campingplätze

Nach wie vor sind Campingplätze der Klassiker für den Campingurlaub. Hier sind Wohnwagen, Wohnmobile und Zelte willkommen. Campingplätze sind ganz gezielt auf die Bedürfnisse von Campern ausgerichtet und in der Regel handelt es sich um umzäunte Areale. Die Einfahrt wird durch eine Schranke geregelt und für den Aufenthalt müssen Sie sich zunächst an der Rezeption anmelden.

Die Rezeption ist auch Anlaufstelle für alle Fragen rund um den Aufenthalt, wie z. B. Informationen zu Freizeitangeboten und Aktivitäten in der Umgebung. Auf größeren Anlagen gibt es oftmals einen eigenen Supermarkt und ein Restaurant oder einen Imbiss.

Zumindest Wohnwagen und Wohnmobile werden meistens auf parzellierten Stellplätzen mit Strom- sowie mitunter auch (Ab-)Wasseranschluss untergebracht. Diese sind ausreichend dimensioniert, sodass ein Vorzelt aufgebaut und die Campingmöbel aufgestellt werden können. Manchmal bekommen auch Zelter eine Parzelle zugewiesen, häufiger anzutreffen ist aber eine separate Zeltwiese, auf der die Zeltcamper unter sich bleiben und Sie sich den Platz zum Aufbauen des Zeltes selbst aussuchen können.

Um die Wege kurz zu halten, sind je nach Platzgröße mehrere Sanitäranlagen mit Duschen und WCs über das Gelände verteilt. In zentraler Lage gibt es zudem oftmals eine Gemeinschaftsküche, in jedem Fall aber eine Möglichkeit zum Geschirrspülen. Eine recht neue Entwicklung auf besser ausgestatteten Plätzen sind Geschirrspülmaschinen, mit denen Sie auch beim Campingurlaub nicht mehr auf den von zu Hause gewohnten Komfort verzichten brauchen, und im Handumdrehen sind Teller, Tassen und Besteck wieder sauber. Zum Standard, der auf den meisten Plätzen angeboten wird, zählen auch Waschmaschinen und Wäschetrockner. In Deutschland können Sie pro Wasch- bzw. Trockengang mit Kosten in Höhe von jeweils um die € 5 rechnen.

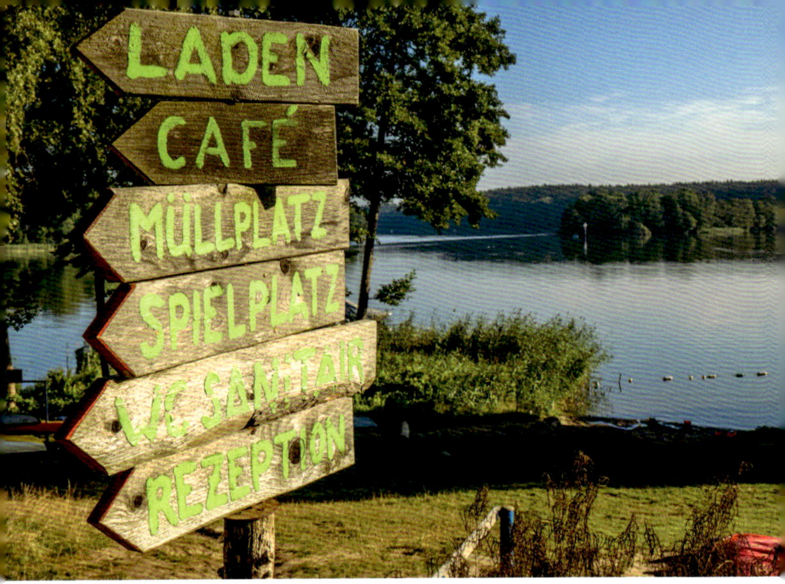

Hinweisschilder zu den Serviceeinrichtungen auf einem Campingplatz

Nach oben hin kennt das Serviceangebot praktisch keine Grenzen und auf den Luxusplätzen gehören auch Swimmingpool, Minigolf, Unterhaltungsprogramm und Kinderbetreuung dazu. Die gute Infrastruktur und das umfangreiche Serviceangebot machen die großen Campingplätze zu eigenständigen Feriendörfern und mehrere Tausend Gäste sind in der Hochsaison keine Seltenheit, aber sicher nicht jedermanns Sache.

Wer statt des Trubels lieber ins Grüne möchte, findet auch zahlreiche familiäre Alternativen. Eine tolle Inspirationsquelle, die 80 liebenswerte, kleine Plätze porträtiert, die von den jeweiligen Betreibern mit viel Herzblut betrieben werden und auf denen garantiert keine Dauercamper mit Gartenzwerg vor dem Wohnwagen zu finden sind, ist der aktuelle Nachfolger des legendären Buchs „Cool Camping":

📖 Camping-Glück: 80 außergewöhnliche Plätze in Deutschland von Björn Staschen, ISBN 978-3-42104-092-3, Deutsche Verlags-Anstalt

Für den Urlaub mit Kindern sehr interessant ist auch das Campen auf dem Bauernhof. Die Plätze sind oft sehr naturnah und bieten neben Landluft und Naturerlebnis auch Tiere zum Anfassen. Aber aufgepasst: Die Stellflächen sind begrenzt und es empfiehlt sich eine möglichst frühzeitige Reservierung. Gute Anlaufstellen für die Suche nach Campingmöglichkeiten auf Bauernhöfen sind z. B.:

- www.bauernhofcamping.info
- ♦ www.bauernhofurlaub.de

Stellplätze mit Hofanschluss für die einmalige Übernachtung mit Wohnwagen oder -mobil listet der Stellplatzführer Landvergnügen für € 29,90 auf. Zusammen mit dem Buch und einer App gibt es eine (jährliche) Plakette, die zur kostenlosen Übernachtung auf den vorgestellten Plätzen berechtigt,

- www.landvergnuegen.com.

	Vorteile	**Nachteile**	**Besonders geeignet für**
Stellplatz	günstiger Preis, hohe Flexibilität	je nach Art des Platzes nur Minimalausstattung, oftmals sind Wohnwagen nicht erlaubt, Zelte niemals	Zwischenstopp, Kurzaufenthalte
Campingplatz	komfortable Ausstattung, oftmals umfangreiches Freizeitangebot	aufwändiger Check-in, autarke Wohnmobile zahlen für Service, der nicht benötigt wird	Campingurlaub

Freies Stehen & Wildzelten

Die Möglichkeiten zum freien Übernachten in der Natur sind, egal ob mit Zelt, Wohnwagen oder Wohnmobil, in ganz Europa sehr beschränkt und wirklich erlaubt ist das freie Stehen in der Landschaft eigentlich nur in Schottland und Skandinavien. In Deutschland und vielen anderen europäischen Ländern ist zumindest die Übernachtung im Fahrzeug zur Wiederherstellung der Fahrtüchtigkeit für eine Nacht grundsätzlich erlaubt.

Auch wenn das freie Stehen nicht offiziell erlaubt und nicht überall gerne gesehen wird, wird es zumindest vielerorts toleriert, solange Sie sich umsichtig verhalten, niemanden stören und Ihren Müll wieder mitnehmen.

Gut geeignet für das freie Stehen sind große Parkplätze, wie man sie z. B. an Sportplätzen, Schwimmbädern oder Einkaufszentren findet. Auch einsame Wanderparkplätze am Waldrand bieten sich für die Übernachtung an.

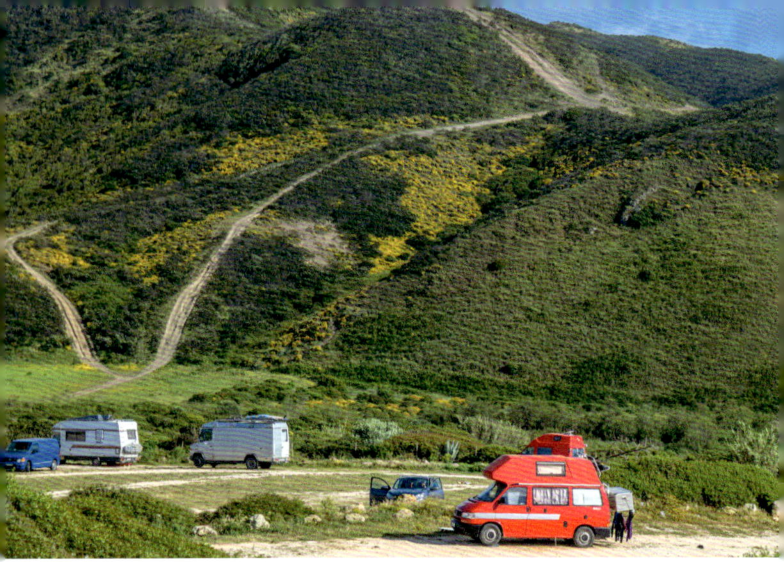

Frei stehende Wohnmobile an der Algarve

Leider werden die Möglichkeiten zum Freistehen durch die steigende Zahl an Wohnmobilen und dem Fehlverhalten einiger weniger immer weiter eingeschränkt. Wenn die Chemietoilette kurzer Hand in den Gully entleert wird oder der eigene Müll einfach neben dem ohnehin schon überquellenden Abfallbehälter entsorgt wird, wundert es nicht, dass an immer mehr schönen Parkplätzen, auf denen man vor einigen Jahren noch unbehelligt stehen konnte, inzwischen Verbotsschilder aufgestellt wurden, die eine Übernachtung mit dem Wohnmobil explizit untersagen, oder sogar eine Höhenzufahrtsbeschränkung installiert wurde, sodass man mit dem Wohnmobil gar nicht erst auf solche Parkplätze kommt.

Was für Wohnmobile das freie Stehen, ist für Zeltcamper das Wildzelten. Die Rechtslage dazu ist in Deutschland sehr unübersichtlich und die umfassende Darstellung würde den Rahmen dieses Buches sprengen. Wer es im Detail wissen will, kommt nicht umher, die Naturschutz- und Waldgesetze des jeweiligen Bundeslandes ganz genau zu studieren.

Grundsätzlich lässt sich aber sagen, dass das Zelten im Wald und in Naturschutzgebieten verboten ist. Wer abseits eines Campingplatzes im Zelt übernachten will und auf der sicheren Seite sein möchte, sollte das Zelt auf Privatgrund eines Hofes aufstellen und vorab beim Bauern die Erlaubnis einholen, das Zelt auf der Wiese aufbauen zu dürfen. Fragen kostet schließlich nichts.

Eine weitere legale Möglichkeit, die dem Wildzelten recht nahekommt, sind die einfachen Naturlager- oder Trekkingplätze, die in den letzten Jahren nach dem Vorbild im Pfälzer Wald auch in anderen Bundesländern angelegt wurden.

Dabei handelt es sich um einfache Plätze für wenige Zelte, die nur zu Fuß oder per Rad erreicht werden können. Statt Sanitärgebäude und Brötchenservice am Morgen gibt es ein Trockenklo und oftmals eine Feuerstelle für das zünftige Lagerfeuer. Nach der Anmeldung auf der jeweiligen Website und der Entrichtung eines geringen Obolus von ca. € 10/Zelt bekommt man die Koordinaten und kann für ein oder maximal zwei Nächte dort übernachten:

- Pfälzer Wald, 💻 www.trekking-pfalz.de
- Schwarzwald, 💻 www.trekking-schwarzwald.de
- Soonwaldsteig im Naheland, 💻 www.soonwaldsteig.de
- Naturpark Hohes Venn in der Eifel, 💻 www.trekking-eifel.de
- Spessart (Bayern), 💻 www.trekking-bayern.de

In Schleswig-Holstein gibt es eine Reihe an (zumeist privaten) Übernachtungsplätzen, die für eine Übernachtung mit Zelt oder Biwaksack zur Verfügung stehen:

💻 www.wildes-sh.de

Ein weiterer Tipp für die Suche nach kleinen Plätzen mit Natur pur und ohne Schnickschnack sind die bei Kanuten beliebten Flüsse. So sind z. B. entlang der bayerischen Altmühl mehrere zünftige Biwakplätze ausgewiesen, die Sie auch ohne Boot erreichen können:

💻 www.naturpark-altmuehltal.de/bootwandern/bootsrastplaetze/

Den perfekten Campingplatz suchen und finden

Bevor Sie mit der konkreten Urlaubsplanung beginnen, empfiehlt es sich, zunächst einmal grob ein Ziel ins Auge zu fassen. Dabei geht es nicht darum, schon einen bestimmen Ort oder gar einen Campingplatz auszuwählen, sondern sich für das Urlaubsland und eine Region zu entscheiden.

Möchten Sie ans Meer oder in die Berge? Geht es in die skandinavische Einsamkeit oder zum Badeurlaub ans Mittelmeer? Fast jeder von uns hat sein Lieblingsziel. Schwierig wird es, wenn sich die Vorlieben der einzelnen Familienmitglieder nicht ohne Weiteres unter einen Hut bringen lassen. Hier sollten Sie sich vorher in Ruhe zusammensetzen und gemeinsam den Urlaub planen, denn nur so lassen sich Unstimmigkeiten während des Urlaubs und späteres Gemecker vermeiden.

Neben den persönlichen Vorlieben spielt auch der Zeitfaktor eine Rolle. Mit der ganzen Familie aus Norddeutschland für einen zweiwöchigen Urlaub mit dem Caravangespann an die italienische Riviera zu düsen dürfte in den meisten Fällen wohl mehr Stress als Urlaub bedeuten.

Neben der Entscheidung für eine Region sollten Sie sich auch darüber Gedanken machen, wie Sie die Zeit vor Ort verbringen möchten. Sind Sie eher der ruhige Sonnenanbetertyp oder brauchen Sie Action? Darf es vielleicht auch etwas Kultur sein, z. B. eine Schlossbesichtigung oder der Ausflug in eine größere Stadt?

Je genauer Sie sich über die eigenen Interessen im Klaren sind, desto besser. Bei der Ausgestaltung des Urlaubs spielen neben den eigenen Vorlieben auch der verwendete Fahrzeugtyp eine Rolle. Bei Rundreisen mit dem Wohnmobil ist häufig der Weg das Ziel und es wird eine möglichst attraktive Reiseroute ausgewählt. Für die Mobilität vor Ort nehmen Sie am besten ein Fahrrad mit (☞ Fahrradtransport). Haben Sie nach ein paar Tagen die nähere Umgebung rund um den Übernachtungsplatz ausgiebig erkundet, geht es mit dem Wohnmobil weiter zum nächsten Basislager.

Beim Camping mit Zelt oder Caravan dagegen ist es üblicherweise so, dass man auf möglichst direktem und günstigen Weg zum Urlaubsort fährt.

✋ Vergessen Sie bei der Routenwahl die Mautgebühren nicht!

Bei einer längeren Anreise, z. B. ans Mittelmeer, empfiehlt es sich, auch die Etappenziele für die Übernachtung zwischendurch auszuwählen. Dabei bewährt es sich, schon die Anreise als Teil des Urlaubs zu betrachten. Planen Sie lieber eine Zwischenübernachtung mehr ein, so kommen Sie deutlich entspannter am Urlaubsort an.

☺ Alternativ können Sie auch überlegen, ob nicht die Anreise per Flugzeug in Verbindung mit der Wohnmobilmiete vor Ort (☞ „Camping auf Probe“) eine sinnvolle Alternative darstellt. Aber auch in Deutschland und seinen Nachbarländern ergeben sich viele tolle Gelegenheiten zum Camping.

Alleine bei einem Sommerurlaub in Deutschland können Sie sich zwischen knapp 3.000 Campingplätzen entscheiden. Europaweit dürfte deren Zahl sogar in die Zehntausende steigen. Die bekannte Redensart von der „Qual der Wahl“ trifft also in jedem Fall voll zu und das große Angebot kann bei der Urlaubsplanung schnell überfordern, denn es ist gar nicht so einfach, sich für einen bestimmten Platz zu entscheiden.

Solange Sie nur auf der Durchreise sind, ist das letztendlich auch mehr oder weniger egal, denn für eine Nacht lässt es sich praktisch auf nahezu jedem Platz aushalten. Suchen Sie aber den idealen Campingplatz für einen längeren Aufenthalt während der gesamten Feriendauer, so steigen die Anforderungen an Ausstattung und Lage und es zahlt sich aus, genau zu überlegen, was der Platz bieten sollte.

Welche Kriterien ein Campingplatz idealerweise erfüllen sollte, ist individuell sehr unterschiedlich. So wird z. B. ein ruhesuchendes Pärchen sicherlich auf einem kleinen Campingplatz, auf dem man unter sich bleibt, besser aufgehoben sein, als auf einem quirligen Jugendzeltplatz, bei dem es mit viel Halligalli bis spät in die Nacht turbulent zugeht. Wer dagegen gerne Kontakte knüpft oder gleichaltrige Spielkameraden für den Nachwuchs sucht, schaut sich eher nach einem großen Platz mit familienfreundlicher Infrastruktur wie Spiel- und Bolzplatz, Tischtennisplatten und vielleicht sogar einem kostenlosen Verleih von Spielgeräten um. Ein Animationsprogramm kann eine willkommene Abwechslung sein und bietet Eltern (oder Großeltern) die Gelegenheit, während des Urlaubs auch einmal ohne Kinder auszuspannen.

Für das Familiencamping sind dagegen Campingplätze, die ausdrücklich großen Wert auf Ruhe legen, eher ungeeignet. Aber auch ein einfacher Naturcampingplatz ohne großartige Ausstattung kann für Familien genau das Richtige sein, denn nach meiner Erfahrung können sich Kinder auf einem solchen Platz sehr gut selbst beschäftigen. Ob auf Bäume zu klettern (besser als jedes Klettergerüst auf dem Spielplatz), zu schnitzen (Michel aus Lönneberga lässt grüßen) oder das Buddeln am Sandstrand – langweilig wird es eigentlich nie.

Eine Bademöglichkeit am Platz erfreut Groß und Klein und sorgt im Sommer für eine willkommene Abkühlung. Wichtig für kleine Kinder ist ein möglichst flaches Badewasser. Wer außerhalb des Hochsommers unterwegs ist, findet auch Plätze mit angeschlossenem Schwimmbad.

Werfen Sie auch einen Blick auf die Platzaufteilung: Stehen Zelte, Wohnwagen und Wohnmobile gemischt auf den Parzellen? Wenn Sie mit Ihrem Zelt gerne zwischen anderen Zeltern stehen wollen, suchen Sie nach einem Platz mit separater Zeltwiese.

Zusätzlich zu diesen grundlegenden Überlegungen spielen natürlich auch die Lage sowie die Freizeitmöglichkeiten eine wichtige Rolle und wer seine Freizeit gerne aktiv gestaltet, braucht, je nach persönlichen Vorlieben, ein gutausgebautes Netz an Wander- und/oder Radwegen in der näheren Umgebung.

Wenn Sie die genannten Punkte Schritt für Schritt durchgehen, wird sich das Feld der in Frage kommenden Plätze immer weiter ausdünnen. Für die endgültige Entscheidung sollten Sie abschließend noch einen Blick auf die Ausstattung werfen. Von herausragender Bedeutung für das eigene Wohlempfinden während des Urlaubs ist ohne Zweifel die Qualität der Sanitärausstattung. Eine mit nur geringem Wasserdruck lauwarm aus drei Löchern plätschernde Dusche kann die Urlaubsstimmung schnell trüben. Familien mit Kindern freuen sich über Familienwaschräume mit Kinderwaschbecken und Babywickelräumen. Wem die fehlende Privatsphäre in den großen Waschräumen zuwider ist, sucht nach einem Campingplatz, auf dem man ein Privatbad dazubuchen kann. So genießen Sie auch auf dem Campingplatz den Komfort eines eigenen Bades und brauchen garantiert nie für die Dusche anzustehen.

Auch die weiteren Serviceeinrichtungen sollten Sie in Hinblick auf Ihre persönlichen Bedürfnisse hin abklopfen. Wer nicht immer selbst kochen möchte, braucht einen Platz mit Restaurant. Gut fürs Portemonnaie ist ein nahegelegener Supermarkt, denn die Preise im Campingplatzkiosk sind meist gesalzen.

☺ Mit dem letzten Tipp wage ich mich auf dünnes Eis und wenn Sie zu denjenigen Menschen gehören, die auch im Urlaub nicht von der geliebten Blechkiste weichen wollen, überspringen Sie diesen Absatz besser. Mir persönlich gefallen autofreie Zeltplätze, bei denen die Fahrzeuge auf einem außerhalb liegenden Parkplatz abgestellt werden, besonders gut. Ich kann jedem nur empfehlen, das einfach einmal auszuprobieren. Für den Transport zum Platz stehen Bollerwagen, Schubkarren oder Ähnliches bereit. Das bringt zwar einen etwas höheren Aufwand bei der An- und Abreise mit sich und Sie müssen sich etwas umorganisieren, da das Auto nicht mehr als erweiterter Ablageort zur Verfügung steht, für die zusätzlichen Mühen werden Sie aber mit einem sehr ruhigen und angenehmen Aufenthalt im Camp selbst mehr als belohnt und die Kinder können sich frei und gefahrlos über den gesamten Platz bewegen.

Die im folgenden Abschnitt näher erläuterte Sterne-Klassifizierung und die Hinweise in den verschiedenen Campingführern liefern eine weitere Entscheidungshilfe bei der Platzsuche, ich rate Ihnen aber dringend, diese nicht als Hauptargument heranzuziehen. Mehr als einmal habe ich schon kleine, gemütliche, gut gepflegte Plätze erlebt, bei denen sich die Betreiber liebevoll um die Gäste kümmern und ein abwechslungsreiches Freizeitangebot für die Kinder auf die Beine stellen. Umgekehrt ist es mir aber auch schon passiert, dass ich in der Rezeption eines 5-Sterne-Platzes von sichtlich gelangweiltem Personal empfangen und „abgefertigt" wurde. Auch der immense Trubel auf solchen Riesenplätzen ist nicht jedermanns Sache.

Eine gute Ergänzung zu den Angaben im Campingplatzführer sind die Nutzerbewertungen in den einschlägigen Internetportalen. Hier geben die Gäste ihre persönlichen Eindrücke und Einschätzungen wieder. Schauen Sie sich dabei ruhig verschiedene Websites an und wenn die Beurteilungen überwiegend gut sind und sich mit Ihren eigenen Ansprüchen decken, dann haben Sie Ihren Traumplatz gefunden.

Sterne-Klassifizierung von Campingplätzen

Wie Hotels schmücken sich Campingplätze gerne mit Sternen. Allerdings sind die Kriterien für die Vergabe der Sterne in Europa nicht einheitlich geregelt. Das wird von Land zu Land ganz unterschiedlich gehandhabt, sodass die Anzahl der Sterne in verschiedenen Ländern kaum miteinander zu vergleichen ist.

Die Klassifizierung in Deutschland wurde vom Bundesverband der Campingwirtschaft in Zusammenarbeit mit dem Deutschen Tourismusverband erarbeitet und wird ständig an die sich ändernden Bedürfnisse angepasst. Die Klassifizierung erfolgt freiwillig und ist für die Campingplätze kostenpflichtig. Zu den Kriterien zählen u. a. Service und Rezeption, die Qualität der Sanitäranlagen und die Größe sowie der Zustand der einzelnen Parzellen. Möglich sind bis zu fünf Sterne:

Anzahl Sterne	Bedeutung	Erklärung
*	einfach	Das Serviceangebot beschränkt sich auf das Wesentliche.
**	zweckmäßig	Sanitäranlagen und Serviceeinrichtungen sind von guter Qualität und bieten ein Mindestmaß an Komfort
***	komfortabel	Gut ausgestatteter Campingplatz für Naturliebhaber und Aktivurlauber, der ein hohes Maß an Komfort bietet.
****	erstklassig	Komfort-Camping mit hervorragender Infrastruktur. Sanitäranlagen und Serviceeinrichtungen bieten einen überdurchschnittlichen Standard und sind ausgezeichnet gepflegt.
*****	exklusiv	Camping der Oberklasse, der mit seiner Top-Ausstattung auch gehobenen Ansprüchen an Service, Freizeitmöglichkeiten und Sanitäranlagen entspricht

Den Campingplatz vorab buchen oder nicht?

Ein einsames Wohnmobil am See, davor ein Lagerfeuer und ein Pärchen stößt mit einem Glas Rotwein auf den Sonnenuntergang an. So zeigt es zumindest der TV-Werbespot zur besten Sendezeit vor der Tagesschau, der Lust aufs Camping machen will. Natürlich gibt es solche Plätze, aber der Campingalltag sieht dann doch ein bisschen anders aus als in der schönen, heilen Werbewelt und auf den beliebten Campingplätzen von den oberbayerischen Seen bis zur Ostseeküste kann es in der Hauptsaison oder an langen Wochenende schon einmal „Wir sind leider voll." heißen.

Eine Platzreservierung vermeidet böse Überraschungen bei der Anreise.

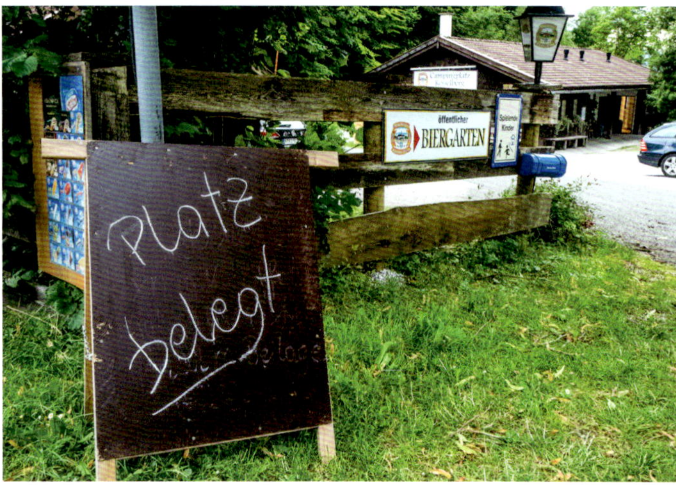

Wer es spontan mag, kann selbstverständlich trotzdem einfach einen Campingplatz ansteuern, sein Glück versuchen und zum nächsten weiterfahren, falls kein Platz mehr frei ist. Die Suche nach einer Alternative birgt aber die Gefahr, dass der Ausweichplatz nicht zu 100 % den eigenen Vorstellungen entspricht. Gerade mit Kindern an Bord kann nach einer langen Anreise das Abklappern der Campingplätze auf der Suche nach einer freien Parzelle die Stimmung ruinieren, noch bevor der Urlaub richtig begonnen hat.

Auch wenn eine Reservierung auf den meisten Campingplätzen nicht zwingend erforderlich ist, ist sie in vielen Fällen doch sehr zu empfehlen. Das gilt insbesondere, wenn Sie einen längeren Campingurlaub in der Hochsaison an einem Ort planen oder mit einer Gruppe unterwegs sind und mehrere Parzellen nebeneinander benötigen. Auch ersparen Sie sich so ein eventuell erforderliches Umparken und -bauen während des Urlaubs, weil die Plätze knapp sind und der zugewiesene Stellplatz nach ein paar Tagen für einen anderen Camper geräumt werden muss, der selbst vorab gebucht hatte.

Je früher Sie die Reservierung vornehmen, desto freier sind Sie in der Platzwahl. Gerade die besonders begehrten Campingplätze (z. B. solche direkt am Wasser oder Anlagen mit einer besonders guten Ausstattung) sind schon lange im Voraus ausgebucht, da Stammgäste nicht selten schon am Ende des aktuellen Urlaubs einen Platz für das nächste Jahr reservieren.

Die Buchung eines Campingplatzes erfolgt in den meisten Fällen direkt beim Campingplatz selbst. Entweder über dessen Website oder ganz traditionell per Telefon. Das Letztere ist übrigens nicht die schlechteste Idee, denn so mancher Campingplatzbetreiber checkt seine Mails in der Sommersaison nur sporadisch.

Buchungsportale, wie wir sie von Flügen oder Hotels gewohnt sind, bei denen man einfach Reiseziel, Urlaubszeitraum und den Maximalpreis angibt und dann die passenden Angebote angezeigt bekommt, stecken in der Campingplatzszene noch in den Kinderschuhen. In den letzten Jahren haben aber einige Start-ups den Anfang gemacht. Plattformen, bei denen Sie nach Campingplätzen suchen und diese direkt buchen können, sind z. B.:

- www.maxcamping.de (ca. 2.000 Plätze in Deutschland)
- www.camping-and-co.com (ca. 3.500 Plätze in Deutschland, Frankreich, Italien und Spanien)

Informationsquellen für die Suche nach Übernachtungsplätzen

Die Informationsmöglichkeiten, um einen Camping- oder Stellplatz zu finden, sind riesig. Die einfachste und naheliegende Suchmöglichkeit für die Campingplatzrecherche ist nicht die schlechteste: Einfach bei Google Maps (www.google.de/maps) die gewünschte Region und das Stichwort „Camping" in das Suchfeld eingeben, schon erhalten Sie eine Übersichtskarte mit der Lage der in Frage kommenden Campingplätze angezeigt.

Zusätzlich zeigt die Spalte am linken Rand eine Auflistung mit dem Namen der einzelnen Plätze sowie ein erstes Foto und das Resümee der Nutzerbewertungen in Form von ein bis fünf Sternen.

Mit einem Klick auf den jeweiligen Campingplatz in der Karte oder dessen Namen in der Randspalte erhalten Sie nähere Informationen wie Anschrift und

Kontaktinformationen und können sich weitere Fotos ansehen, die ein anschauliches Bild davon vermitteln, wie es vor Ort wirklich aussieht.

Auch ein Link zur Homepage des Campingplatzes wird angeboten. Der Besuch der Internetpräsenz kann weitere Anhaltspunkte dazu liefern, ob der ausgewählte Campingplatz Ihren Wünschen und Ansprüchen genügt. Hierbei sollten Sie sich aber nicht alleine vom ersten Eindruck leiten lassen. Eine antiquarische, selbst zusammengebastelt wirkende Internetseite kann durchaus bedeuten, dass der Betreiber seine gesamte Energie lieber in den Platz und seine Gäste investiert als in die Programmierung. Umgekehrt ist eine schick designte Website nicht zwangsläufig ein Garant für einen tollen Campingplatz und unterstreicht in erster Linie die Marketingkompetenz des Anbieters.

Die Online-Portale bieten eine gezielte Platzsuche per Kriterien

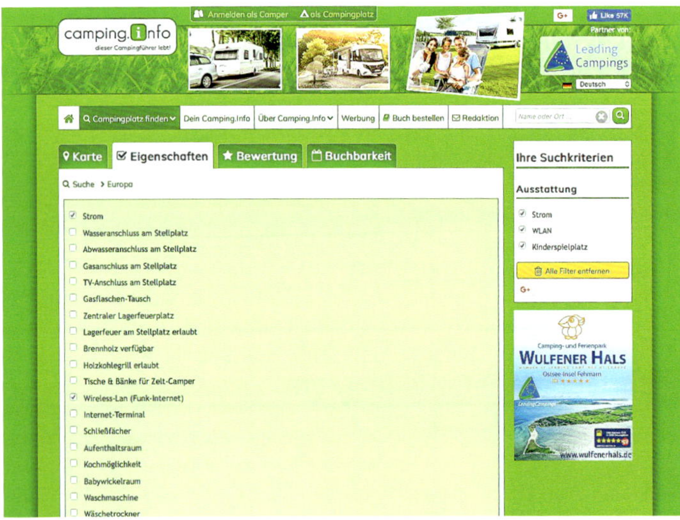

Aussagekräftiger sind da schon die Bewertungen von anderen Campern, die bereits einen Urlaub auf dem entsprechenden Platz verbracht haben. Diese sind, wie andere Nutzerbewertungen im Internet auch, aber mit Vorsicht zu genießen und Sie sollten sich auf keinen Fall von der Anzahl der Sterne täuschen lassen. Neben den Balkendiagrammen für die einzelnen vergebenen Sterne finden Sie den Link „Berichte“ und können sich so den Wortlaut der einzelnen Rezensionen zu Gemüte führen. Hierbei findet man meist schnell heraus, ob die Bewertungen

Substanz haben und die Verhältnisse vor Ort beschreiben oder es sich lediglich um 5-Sterne-Jubelbewertungen von Freunden und Bekannten des Campingplatzbesitzers handelt.

Als gute Ergänzung zu den Google-Nutzerbewertungen bietet sich der Besuch eines speziellen Camping-Onlineportales wie z. B. 💻 www.camping.info an. Hier können Sie gezielt nach einem bestimmten Campingplatz suchen, sich auf einer Karte die Plätze in der dargestellten Region anzeigen lassen und die Ergebnisse nach bestimmten Kriterien, wie z. B. autofreie Stellplätze, Hunde erlaubt, Restaurant am Platz oder Kinderspielplatz und vieles mehr, filtern.

Im Reiter „Bewertungen" können Sie auf einen Blick prüfen, ob der ausgewählte Platz zu Ihren eigenen Interessen passt. Hier finden Sie zu Beginn sehr übersichtlich Angaben zur Kinderfreundlichkeit (und das sogar nach unterschiedlichen Altersstufen getrennt), zum Preis-Leistungs-Verhältnis, der Sauberkeit der Sanitäranlagen oder auch den Freizeitmöglichkeiten. Darunter folgen dann die ausführlichen, von anderen Campern abgegebenen Bewertungen.

Stell- und Campingplatzführer

Auch mit dem Internet als unerschöpfliche Informationsquelle und einem ständig wachsenden Angebot an Campingportalen, haben die klassischen Nachschlagewerke in Buchform noch längst nicht ausgedient.

Die Camping- und Stellplatzführer bieten unabhängig von Strom und mobilem Internet eine umfassende und übersichtliche Auflistung von Camping- und Stellplätzen. Dazu liefern sie viele weiterreichende Informationen, wie Adresse und GPS-Koordinaten, die vorhandene Infrastruktur von den Sanitärgebäuden über die Bademöglichkeiten bis hin zum Freizeitprogramm und die zu erwartenden Preise sowie eine Bewertung des jeweiligen Platzes.

☺ Als Zusatzleistung gibt es bei einigen Büchern eine Art Mitgliedskarte für ein Rabattsystem, mit der Sie bei angeschlossenen Plätzen die ein oder andere kleine Vergünstigung bekommen.

Natürlich haben auch die Verlage die Zeichen der Zeit erkannt und bieten die Informationen aus den Büchern gegen einen Aufpreis auch im Internet an – und zwar entweder auf einer speziellen, für Smartphones optimierten Website oder als native App, die dann sogar ohne Internetverbindung funktioniert.

Native Apps werden direkt auf dem Smartphone installiert, während es sich bei WebApps um speziell aufbereitete Internetseiten handelt, die extra für den Zugriff mit Mobilgeräten optimiert sind, die aber zwingend einen Internetzugang erfordern.

Bordatlas

Umfang: über 6.300 Stellplätze in Deutschland und Europa
Preis: € 27,90
Web: www.bordatlas.de
Digitalangebot: Bordatlas-Online und als WebApp fürs Smartphone (€ 9,90/ 2 Monate, € 16,90/12 Monate)

Seit über 20 Jahren listet der Bordatlas aus dem Dolde Medien Verlag in zwei Bänden alle relevanten Informationen zu Stellplätzen in Deutschland und Europa. Dazu gehören Angaben zum Preis, zur maximal erlaubten Fahrzeuglänge, die Angabe, ob auch Gespanne erlaubt sind, sowie Informationen zur Ausstattung und zum touristischen Angebot. Als Bonus gibt es ein umfangreiches Gutscheinangebot für die Stellplatzübernachtung.

ADAC Campingführer

Umfang: zwei Bände Deutschland/Nordeuropa sowie Südeuropa mit über 5.550 Campingplätzen in 37 Ländern
Preis: je Band € 22,80
Web: www.campingfuehrer.adac.de
Digitalangebot: App ADAC Camping/Stellplatz für iOS und Android (jeweils € 4,99)

Der ADAC Campingführer beschreibt attraktive Campingplätze und die Informationen werden von Inspekteuren vor Ort geprüft. Neben einer 5-Sterne-Gesamtbewertung werden vielfältige Detailinformationen gelistet und die ADAC-eigene Campingplatzklassifikation in zehn Kategorien ermöglicht die gezielte Auswahl des Urlaubsplatzes. Die beiliegende CampCard gewährt Sonderpreise in der Nebensaison.

ADAC Stellplatzführer

Umfang: Ausgabe in zwei Bänden mit über 6.800 Wohnmobilstellplätzen in 37 Ländern
Preis: € 22,80
Web: www.campingfuehrer.adac.de
Digitalangebot: App ADAC Camping/Stellplatz für iOS und Android (jeweils € 4,99)

Die beiden Bände des ADAC Stellplatzführers stellt fast 7.000 Plätze in ganz Europa detailliert mit Angaben zu Versorgungs- und Entsorgungseinrichtungen,

Lage und Zufahrt, Ausstattung und Gebühren vor. Erleichtert wird die Auswahl eines Stellplatzes durch die ADAC-Klassifikation, die vor Ort von Inspekteuren des ADAC erhoben wird. Auch dem Stellplatzführer liegt die ADAC CampCard bei.

ADAC Camping- und Stellplatzführer in einem Band

Umfang: je nach Titel unterschiedlich: Deutschland (ca. 3.900 Plätze), Skandinavien – Ostsee (ca. 2.000 Plätze); Italien – Kroatien – Österreich – Slowenien (ca. 2.200 Plätze), Frankreich – Spanien – Portugal (ca. 2.900 Plätze)
Preis: je Band € 19,99
Web: 💻 www.campingfuehrer.adac.de
Digitalangebot: App ADAC Camping/Stellplatz für iOS und Android (jeweils € 4,99)

Der kombinierte Camping- und Stellplatzführer trägt dem geänderten Caravaningreiseverhalten Rechnung. So steuern viele Wohnmobilfahrer für den längeren Aufenthalt gerne klassische Campingplätze an und umgekehrt suchen immer mehr Gespannfahrer für die Durch- oder Städtereise nach einem geeigneten Stellplatz. Die Bücher dieser Reihe kombinieren daher Campingplätze und Stellplätze des jeweiligen Urlaubslandes in einem Band.

promobil Stellplatz-Atlas

Umfang: ca. 3.660 Plätze in Deutschland
Preis: € 26,95
Web: 💻 www.promobil.de
Digitalangebot: App Stellplatz-Radar für iOS und Android (kostenlose Basisvariante, zusätzliche Funktionen wie Offline-Nutzung und erweiterte Suchfilter kostenpflichtig € 0,99/Monat, € 4,99/Jahr)

Der Stellplatz-Atlas des Reisemobilmagazins promobil gehört zu den Urgesteinen der Stellplatzführer. Neben den üblichen Angaben vermitteln die vielen Fotos einen guten Eindruck von den Plätzen und es ist auf den ersten Blick ersichtlich, ob Sie ein einfacher Übernachtungsplatz oder ein komfortabler Reisemobilhafen erwartet. Die Stellplätze sind innerhalb der Bundesländer regional geordnet, sodass sich unterwegs auch schnell Alternativen finden lassen, wenn der ausgewählte Platz überfüllt ist. Praktisch für die Tourenplanung ist auch die herausnehmbare Karte, auf der alle Orte mit Stellplätzen deutlich gekennzeichnet sind.

ACSI Stellplatz- und Campingführer

Umfang: 8.200 Campingplätze in 29 Ländern (Campingführer Europa), 2.630 Campingplätze in Deutschland und Nachbarländern (Campingführer Deutschland), 3.300 Camping- und 9.000 Stellplätze in ganz Europa (Stellplatzführer)
Preis: ab ca. € 20
Web: 💻 webshop.acsi.eu
Digitalangebot: CampingCard ACSI-App (Der Code zur Freischaltung der entsprechenden Pakete für die einjährige Nutzung ist in den meisten Büchern enthalten!)

Das Angebot der unterschiedlichen Camping- und Stellplatzführer des niederländischen Campingverbands ACSI ist mit rund 8.500 gelisteten Camping- und etwa 9.000 Reisemobilstellplätzen in ganz Europa sehr umfangreich, allerdings auch etwas unübersichtlich. Es gibt sie als Einzelausgabe, als Abonnement, im Vorteilspaket mit der CampingCard oder in Kombination mit der Smartphone-App.

DCC Campingführer Europa

Umfang: ca. 12.000 Campingplätze in 34 europäischen Ländern
Preis: € 21,90
Web: 💻 www.camping-club.de
Digitalangebot: kostenloser Online-Campingführer (💻 www.3in1campen.de)

Der offizielle Campingführer des Deutschen Camping-Clubs ist ein zuverlässiger Begleiter für den Campingurlaub in Europa und es gibt auch einen Stellplatzteil für Deutschland, Dänemark, Finnland, Norwegen und Schweden. DCC-Vertragsplätze und Naturplätze sind besonders gekennzeichnet. Abgerundet wird das Informationsangebot mit Hinweisen zu Alpenpässen sowie Wintersportcampingplätzen.

ECC-Campingführer

Umfang: rund 5.500 Plätze in Deutschland und Europa
Preis: € 14,90
Web: 💻 www.ecc-campingfuehrer.de
Digitalangebot: kostenlose Online-Campingplatzsuche

Der ECC-Campingführer beschreibt auf knapp 1.000 Seiten etwa 5.500 Campingplätze in 37 Ländern mit detaillierten Angaben zur Lage und Ausstattung des Platzes. Die Aufnahme erfolgt dabei club- und vertragsunabhängig. Eine

Besonderheit ist das Spezialregister für FKK-Campingplätze. Abgerundet wird der Inhalt durch Spartipps für rund 1.000 Plätze in der Nebensaison und praktische Informationen zu den jeweiligen Reiseländern, wie Verkehrsbestimmungen oder Hinweise zum Grenzübertritt mit Haustieren.

BVCD Campingführer

Umfang: über 1.000 Camping- und Stellplätze in Deutschland
Preis: € 6,95
Web: 💻 www.campingplatz-deutschland.de
Digitalangebot: kostenlose Online-Campingplatzsuche

Der jährlich vom Bundesverband der Campingwirtschaft in Deutschland (BVCD) herausgegebene Campingführer liefert Kontaktdaten und weitere Informationen zu Ausstattung und Preisen von über 1.000 im Verband organisierten Camping- und Stellplätzen in Deutschland, kapitelweise sortiert nach Bundesländern. Im Preis enthalten ist die CampinggutscheinCard, mit der Sie als Erstbesucher auf ausgewählten Plätzen in der Nebensaison die zweite Nacht gratis stehen dürfen (max. zwei Erwachsene und zwei Kinder, exkl. Nebenkosten wie Strom und Kurtaxe).

Campingrabattkarten

Die Frage „Sammeln Sie Payback-Punkte?" gehört mittlerweile zum Standardrepertoire in vielen Supermärkten und Tankstellen. Auf Campingplätzen ist die Payback-Karte zwar nicht anzutreffen, es gibt aber eine ganze Reihe von Rabatt- und Bonuskarten, die Preisnachlässe versprechen. Die Höhe der Rabatte ist dabei je nach Karte, Platz und Saison ganz unterschiedlich. Die Frage, welche Campingkarte die beste ist, lässt sich nicht eindeutig beantworten und hängt stark davon ab, ob Sie eher auf Camping- oder Stellplätzen übernachten, in welchem Land Sie Urlaub machen und in welchem Zeitraum Sie unterwegs sind. Nachfolgend finden Sie einen Vergleich der am weitesten verbreiteten Campingkarten zur besseren Einordnung und Einschätzung, ob und welche Karte sich für Sie lohnt.

Wer in Skandinavien unterwegs ist, benötigt für die Übernachtung auf einem Platz des Schwedischen Campingverbandes zwingend die Europäische Campingkarte Camping Key Europe (💻 www.campingkeyeurope.com). Sie dient bei der Anmeldung als Identifikationsausweis, beinhaltet eine Haftpflicht- und Unfallversicherung und bringt auch in vielen anderen Ländern Rabatte, und zwar bis zu 20 % Rabatt in der Hochsaison auf über 2.400 Campingplätzen in ganz Europa. Auch bei den Fährtickets in Richtung Norden gibt es Vergünstigungen. In

Deutschland bekommen Sie die Karte vor dem Urlaub z. B. beim ADAC (nur für Mitglieder, ca. € 12) oder beim BVCD (ca. € 18). Sie können die Karte aber auch direkt vor Ort erwerben und erhalten dann einen vorläufigen Camping Key Europe in Papierform ausgedruckt. Die personalisierte Plastikkarte wird Ihnen dann an Ihre Heimatadresse per Post zugeschickt.

Die ADAC CampCard (💻 campingfuehrer.adac.de) ist beim Kauf eines ADAC Camping- oder Stellplatzführers sowie der Camping- und Stellplatz-App bereits inklusive und bietet auf bestimmten Stell- und Campingplätzen einen speziellen Übernachtungspreis für zwei Personen inklusive Strom, Dusche und Hund (soweit erlaubt). Zusätzlich gibt es spezielle Sparangebote für längere Aufenthalte (z. B. sieben Übernachtungen zum Preis von sechs) sowie weitere Vergünstigungen, wie ein kostenloser Fahrradverleih oder Ermäßigungen bei ausgewählten Freizeitangeboten.

Die CampingCard ACSI (www.campingcard.com) gibt es in Verbindung mit den Campingplatz- bzw. Stellplatzführern des niederländischen Campingverbands. Sie ist ein Kalenderjahr gültig und bietet auf teilnehmenden Campingplätzen einen deutlichen Nachlass von bis zu 50 % (Übernachtungspreis von zwei Personen und Wohnmobil oder Wohnwagen zwischen € 11 und 19), gilt allerdings nur in der Nebensaison!

Für Wohnmobilfahrer ist noch die kostenlose mein-Platz-Clubkarte (💻 www.mein-platz.de) des gleichnamigen Wohnmobilstellplatz-Internetportals interessant. Sie gewährt Rabatte bei teilnehmenden Stellplätzen, Restaurants oder Campingausstattern.

Apps für Camper

Mal eben schauen, wie das Wetter wird, sich über Sehenswürdigkeiten und Ausflugsziele in der Umgebung informieren oder einen nahegelegenen Stellplatz suchen – als digitales „Schweizer Taschenmesser" erweist sich das Smartphone auch beim Camping in vielen Situationen als überaus praktisch. Es ersetzt sperrige Papierkarten und dicke Campingplatzführer und auch immer mehr Zubehörhersteller setzen auf digitalen Komfort. So bietet zum Beispiel die Truma-App die Möglichkeit, die Heizung oder Klimaanlagen des Herstellers von unterwegs zu steuern oder den Füllstand der Gasflache am Smartphone zu kontrollieren.

Die Eingabe des Stichworts „Camping" in die Suchleiste von Apples App Store oder Googles Play Store führt zu einer überwältigen Anzahl an Treffern. Das Angebot an Camping-Apps reicht von der Campingcheckliste über Stell- und Campingplatzfinder bis zu Rezeptsammlungen. Dabei ist aber nicht alles Gold, was glänzt und nicht jede angebotene App liefert einen wirklichen Nutzwert. Zur besseren Orientierung habe ich Ihnen im Folgenden ein paar praktische Apps zusammengestellt, die sich im Campingalltag bewährt haben.

Die wichtigsten Apps, die auch im Campingurlaub hilfreiche Dienste leisten, gehören eigentlich zur Grundausstattung und sind wohl auf den meisten Handys schon installiert. Dazu gehören Google Maps für die Orientierung und Navigation, eine gute Wetter-App für die Wettervorhersage und eine Taschenlampen-App, um das LED-Licht des Smartphones als Lichtquelle nutzen zu können. Für Urlaubsreisen ins Ausland ist der Google Übersetzer, der über 100 Sprachen versteht, sehr praktisch und dank Kamera-Sofortübersetzung brauchen Sie den Text nicht einmal einzutippen.

Wirklich praktisch sind die zahlreichen digitalen Ausgaben der Stellplatz- und Campingplatzführer (☞ „Stell- und Campingplatzführer"), mit denen Sie komfortabel nach Übernachtungsplätzen suchen und die Ergebnisse nach der Entfernung zum Standort oder unterschiedlichsten Ausstattungskriterien (z. B. WLAN vorhanden, Hunde erlaubt usw.) filtern können. Wer Camping- und Stellplätze meidet, sollte sich die App Park4Night (iOS/Android) anschauen, mit der man auch Freistehplätze findet. Achten Sie bei der Auswahl der Camping-/Stellplatz-App unbedingt auf einen Offline-Modus, damit die Suche auch ohne WLAN und selbst im Funkloch noch funktioniert.

Bei der waagerechten Ausrichtung von Ihrem Wohnmobil oder Caravan hilft eine digitale Wasserwaage für das Smartphone, noch komfortabler sind spezielle Apps wie WomoSet oder CaravanSet (iOS) bzw. Trailer oder Camper Leveler (Android).

Eine Sonnenstands-App wie SunSeeker (iOS/Android) hilft bei der optimalen Ausrichtung von Zelt, Wohnwagen oder Wohnmobil. In der sogenannten Augmented-Reality-Ansicht wird detailliert die Position der Sonne am Himmel im Tagesverlauf angezeigt und Sie wissen genau, wann die Sonne hinter den Baumwipfeln verschwindet und wo sie morgens als erstes wieder auftaucht.

Wer auch im Urlaub nicht auf die Flimmerkiste verzichten möchte, kann mit einer App wie SatFinder (iOS/Android) die Satellitenschüssel perfekt ausrichten und schon vor dem Auskurbeln der Antenne feststellen, ob eventuell Bäume den Empfang stören.

Mit dem Reisemobil-Tagebuch (iOS/Android) lassen sich Reiseerinnerungen schnell und unkompliziert in Text und Bild festhalten und mit Freunden und Familie teilen. Wer nicht nur Dosenravioli auf dem Campingkocher warm machen möchte, findet mit Hilfe der App One-Pot-Pasta vom Gräfe und Unzer Verlag (nur iOS) viele Anregungen für einfache, aber leckere Nudelgerichte, die sich in nur einem Topf zubereiten lassen.

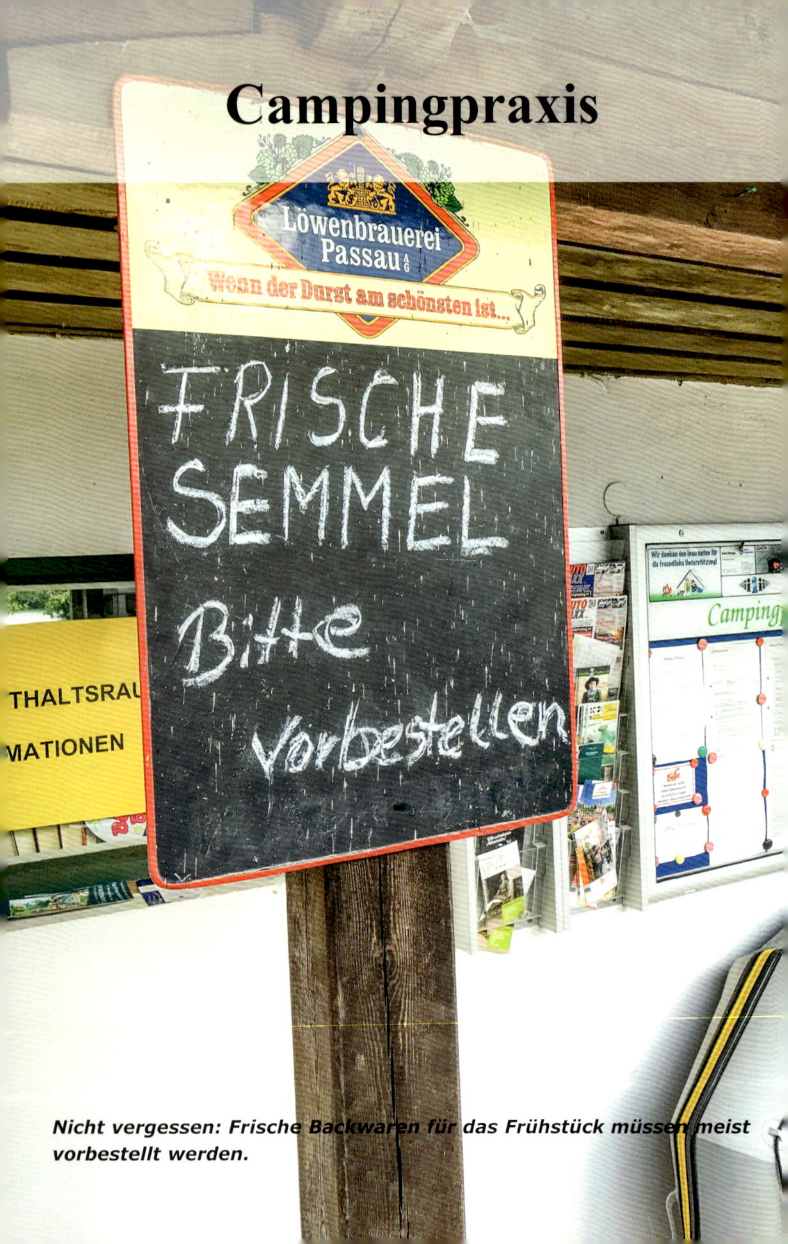

Nicht vergessen: Frische Backwaren für das Frühstück müssen meist vorbestellt werden.

Je nach Platzgröße ist ein Campingplatz eine eigene kleine Welt oder sogar ein ganzes Universum für sich. In diesem Kapitel erfahren Sie alles, was Sie für das Leben auf dem Campingplatz wissen müssen. Von der Auswahl der besten Parzelle über das Aufbauen und Einrichten der Urlaubsbehausung und die Nutzung der Sanitärräume bis hin zu den täglich im Campingalltag anfallenden Handgriffen wie Geschirrspülen und Entsorgung der Chemietoilette.

Ankunft, Anmeldung und Rezeption

In der Regel halten Sie bei der Ankunft am Campingplatz zunächst im markierten Bereich vor der Schranke und melden sich in der Rezeption an. Bei kleinen Plätzen, das gilt insbesondere außerhalb der Saison, kann es durchaus vorkommen, dass die Rezeption selbst zu den üblichen Öffnungszeiten nicht besetzt ist. Meist hängt dann aber ein „Bin gleich zurück"-Schild im Fenster oder es ist ein Zettel mit einer Kontaktnummer aufgehängt, unter der der Platzwart für Rückfragen zu erreichen ist. Mitunter können auch die anwesenden Campingplatzbewohner weiterhelfen und wissen, wann und wo Sie sich anmelden können.

Selbst wenn die Schranke geöffnet ist, sollten Sie nicht einfach so und ohne Rücksprache auf den Platz fahren. Darauf reagiert so mancher Platzwart sehr allergisch und die „gute Seele" des Platzes sollten Sie nicht gleich zum Anfang Ihres Aufenthaltes unnötig verärgern.

Auf vielen Campingplätzen – vor allem in Deutschland sowie in den Niederlanden – gilt eine strenge Mittagsruhe. Üblich ist zum Beispiel der Zeitraum zwischen 13 und 15 Uhr. Währenddessen dürfen keine Autos auf dem Platz bewegt werden und die Zufahrt ist strikt untersagt. Am besten erkundigen Sie sich schon im Voraus, ob es eine Mittagspause gibt und wie lange diese gegebenenfalls dauert. So ersparen Sie sich nach einer langen Anreise das tatenlose Warten vor dem rot-weißen Schlagbaum, bis Sie endlich auf das Gelände und mit dem Aufbau beginnen können.

Wenn Sie in der Hauptsaison unterwegs sind und den Campingplatz nicht vorgebucht haben, empfiehlt es sich, kurz vor Mittag einzutreffen. Zu diesem Zeitpunkt haben die meisten abreisenden Camper ihre Parzelle bereits geräumt und die Chancen, einen schönen freien Platz zu erwischen, stehen besonders gut. In der Anreisewelle nach der Mittagsruhe dagegen stauen sich die Wohnwagengespanne und Wohnmobile vor der Anmeldung und die besten Plätze sind schnell wieder weg.

☺ Die Schrankenöffnungszeiten sind nicht nur bei der Anreise zu berücksichtigen, sondern spielen auch im Hinblick auf spätere Ausflüge eine wichtige Rolle. Wenn Sie gerne lange schlafen, es gemütlich angehen und sich viel Zeit mit dem Frühstück lassen, kann es leicht passieren, dass die Abfahrtszeit genau in die Mittagspause fällt. Für geplante Ausflüge oder Einkaufstouren während der Mittagszeit parken Sie das Auto daher am besten rechtzeitig vor der Schranke, denn zu Fuß kommen Sie selbstverständlich immer irgendwie vom Campingplatzgelände herunter.

Bei der Anmeldung auf dem Campingplatz müssen Sie entweder ein Formular ausfüllen (u. a. Name, Anschrift, beabsichtigte Aufenthaltsdauer) oder einen Ausweis bzw. Reisepass vorlegen, damit der Mitarbeiter Ihre persönlichen Daten aufnehmen kann.

Die Rezeption dient nicht nur zum Ein- und Auschecken, sondern ist auch während des Urlaubs die zentrale Anlaufstelle für alle Fragen rund um den Aufenthalt. Ob Sie eine neue Gasfüllung benötigen, wissen möchten, wo der nächste Wochenmarkt stattfindet, oder es ein Problem mit dem Stromanschluss gibt: In der Rezeption kann man Ihnen weiterhelfen.

In der Regel sollten Sie schon bei der Anmeldung eine umfassende Einführung zu den Besonderheiten des jeweiligen Platzes bekommen. Je nach Stimmung des Mitarbeiters und Besucherandrang kann diese auch etwas knapper ausfallen. Es empfiehlt sich aber in jedem Fall, ein paar grundlegende Aspekte zu klären, um sich spätere Nachfragen zu sparen:

- ▷ Werden spezielle Duschmünzen bzw. Geldstücke für die Sanitärräume benötigt?
- ▷ Müssen die Brötchen für den nächsten Morgen vorbestellt werden? Wenn ja, bis wann?
- ▷ Wo können Müll, Grauwasser und Chemietoiletten entsorgt werden?
- ▷ Wie sind die aktuellen Brandschutzbestimmungen? Darf am Platz gegrillt werden? Gibt es eine Lagerfeuerstelle?

Die Auswahl eines geeigneten Stellplatzes

Für einen Kurzaufenthalt spielt die Lage des Stellplatzes keine so entscheidende Rolle. Wollen Sie für den gesamten Urlaub bleiben, lohnt es sich dagegen umso mehr, ganz genau zu überlegen, wo Sie Ihr Lager auf dem Campingplatz aufschlagen. Dabei gibt es viel mehr Kriterien zu beachten, als man zu Beginn denken könnte.

☺ Auf der Website von größeren Plätzen findet sich oftmals einen Lageplan, der Ihnen dabei hilft, sich schon vorab über die örtlichen Gegebenheiten zu informieren. Wenn der Plan zudem über einen Maßstab verfügt und die Himmelsrichtungen erkennbar sind, umso besser.

Am Anfang der Entscheidung steht die Preisfrage, denn oftmals gibt es unterschiedliche Platzkategorien. So sind z. B. auf Campingplätzen an Seen die Stellplätze in der ersten Reihe mit freiem Blick auf das Wasser teurer. Auch gibt es vielerorts Unterschiede bei der Parzellengröße sowie der Ausstattung, z. B. mit Wasser- und Abwasseranschluss direkt am Platz. Hier gilt es ganz genau zu prüfen, was Sie wirklich brauchen und ob sich der Aufpreis lohnt.

Das Prozedere bei der Auswahl einer Parzelle wird überall unterschiedlich gehandhabt. Manchmal zeigt Ihnen die freundliche Dame oder der freundliche Herr an der Rezeption einige freie Plätze auf dem Übersichtsplan zur Auswahl. Andernorts heißt es einfach nur: „Schauen Sie sich um und suchen Sie sich einen freien Platz, der Ihnen gefällt." Um den Entscheidungsprozess abzukürzen, bekommen Sie mitunter einfach einen bestimmten Platz zugewiesen. In der Regel ist es mit einer freundlichen, aber bestimmten Nachfrage durchaus möglich, einen anderen Platz zu bekommen, zumindest, solange der Campingplatz nicht bis auf die letzte Parzelle gefüllt ist.

Die meisten parzellierten Campingplätze sind mehr oder weniger geometrisch angeordnet und die Größe innerhalb der einzelnen Preiskategorien ist in etwa identisch. Eines der wichtigsten Kriterien für die Auswahl der Parzelle ist dann die Entfernung zum Sanitärgebäude. Hier gilt es, insbesondere in Begleitung von Kindern, einen geeigneten Kompromiss zu finden. Auf der einen Seite sollten die Sanitärgebäude schnell zu erreichen sein, auf der anderen Seite sollte ein gewisser Mindestabstand eingehalten werden. So vermeiden Sie Geruchsbelästigungen und den Anblick von Toilettenkassetten, die direkt an Ihrem Frühstückstisch vorbeigerollt werden, denn oftmals ist auch die Entsorgung der Chemietoiletten im Sanitärgebäude untergebracht.

Wenn Sie Kinder dabeihaben, sollten Sie außerdem darauf achten, dass der Spielplatz in der Nähe liegt. So haben Sie die Kleinen stets im Blick, wenn sie dort herumtoben. Nicht optimal ist dagegen eine Parzelle entlang der „Hauptverkehrsader" des Platzes in Richtung Ausgang/Rezeption oder Restaurant. Um den Trubel und Durchgangsverkehr zu meiden, ist ein ruhiger Seitenweg besser geeignet.

Auch ein Blick auf die Bewohner der angrenzenden Parzellen hilft bei der Entscheidung. Wer gerne bis in den frühen Morgen hinein feiert und nach exzessivem Alkoholkonsum lautstark Schlager mitgrölt, ist neben dem lustigen Trupp junger Männer, vor deren Zelten sich die Bierkisten stapeln, goldrichtig. Alle anderen suchen besser das Weite und ein Plätzchen am anderen Ende des Geländes. Im Sommer ist ein schattiger Platz von Vorteil, denn in der sengenden Sonne wird es schnell ungemütlich heiß. Berücksichtigen Sie bei der Entscheidung unbedingt den Lauf der Sonne. Wenn Sie Zelt, Wohnmobil oder Caravan bei der Ankunft am späten Abend im Schatten abstellen, stehen Sie am nächsten Morgen womöglich in der prallen Sonne und an gemütliches Ausschlafen ist dann nicht zu denken.

Vor dem endgültigen Aufbau des Feriendomizils sollten Sie abschließend noch einen kritischen Blick in Richtung der künstlichen Lichtquellen werfen. Hier sind in erster Linie Straßenlampen gemeint, oftmals sind aber auch die Stromsäulen nachts dauerhaft beleuchtet. Das fällt tagsüber kaum auf, empfindlichen Naturen kann es aber schnell den Schlaf rauben, wenn es nachts nicht richtig dunkel wird, weil dauerhaft das Licht einer Laterne am Wegrand durch das Fenster auf das Bett scheint.

Zeltcamper werden häufig auf einer Zeltwiese untergebracht und haben dort die freie Platzwahl. Grundvoraussetzung für den idealen Platz ist natürlich eine möglichst ebene Fläche. Praktisch sind Bäume in der Nähe, die Schatten spenden und vor Wind und Regen schützen. Allerdings ist auch mit Vogelkot auf dem Außenzelt zu rechnen.

☺ Beim Zeltcamping spielt der tägliche Weg der Sonne eine noch wichtigere Rolle als bei Wohnmobil und Caravan: Wer lange schlafen will, sucht sich ein Plätzchen, das morgens im Schatten liegt, wer dagegen früh abreisen will, stellt sein Zelt so auf, dass es schon von den ersten Sonnenstrahlen getrocknet wird.

Haben Sie den geeigneten Platz gefunden, kann es ans Aufbauen und Einrichten gehen. Bei der Ankunft gehört es selbstverständlich zum guten Ton, die Nachbarn zu begrüßen. Gehen Sie es dann gemütlich an und nehmen Sie sich Zeit für das Auspacken, den Aufbau und das Einrichten Ihres mobilen Zuhauses für den Urlaub. Wenn alles steht, ist es an der Zeit, den Campingplatz zu erkunden.

Internet unterwegs

Ohne Internetverbindung lässt sich ein Smartphone nur begrenzt nutzen und sobald Sie ein paar Urlaubsfotos bei Facebook zeigen, Freunden eine WhatsApp-Nachricht schicken oder die elektronische Post checken möchten, brauchen Sie eine Datenverbindung.

Inzwischen bieten zwar viele Camping- und Stellplätze ihren Gästen über drahtlose Netzwerke (WLAN) einen Zugang ins Internet, allerdings gibt es hier

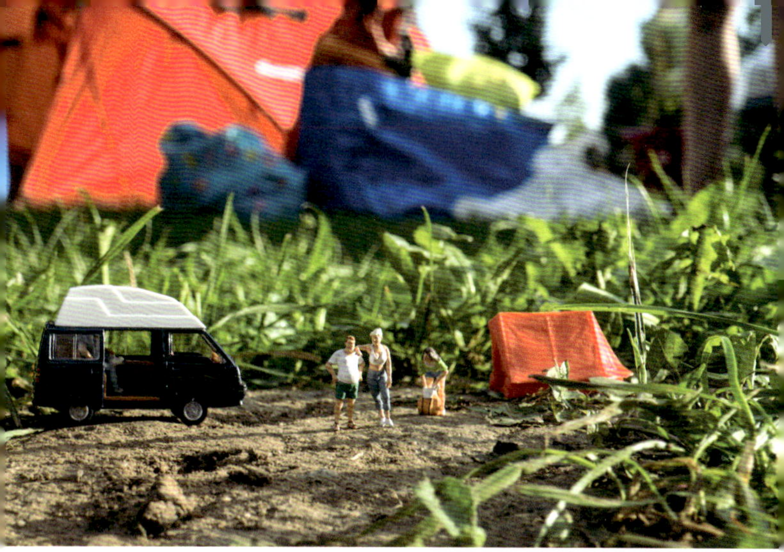

Jedem das passende Spielzeug

starke Unterschiede – und zwar nicht nur beim Preis (von kostenlos bis unverschämt ist alles möglich), sondern auch in der Qualität und Verfügbarkeit. Stabiler Empfang auf dem gesamten Gelände bleibt dabei bislang leider die Ausnahme. Oftmals ist die Rezeption der einzige Ort mit halbwegs stabilem WLAN-Empfang und nicht selten dauert es aufgrund der langsamen Verbindung mehrere Minuten, bis die E-Mail an die Familie zu Hause erfolgreich verschickt wurde.

Einen entsprechenden Datentarif vorausgesetzt, eignet sich bei gelegentlicher Nutzung das Smartphone sehr gut als WLAN-Hotspot, um auch Tablet oder Laptop ins Internet zu bringen und durch den Wegfall des EU-Roamings lässt sich der eigene Datentarif innerhalb der EU ohne zusätzliche Kosten nutzen.

Für regelmäßiges Surfen stellt ein mobiler Router die bessere Alternative dar. Diese Geräte sind kaum größer als ein Handy und bauen nach dem Einlegen einer passenden SIM-Karte direkt eine Internetverbindung via Mobilfunk auf, die von mehreren WLAN-fähigen Geräten geteilt werden kann. Der Router kann dauerhaft an einer Stelle mit gutem Empfang (meist direkt am Fenster) positioniert werden und Sie können für die Dauer des Urlaubs einen Prepaid-Datentarif mit einem höheren Datenvolumen buchen oder, wenn Sie im außereuropäischen Ausland unterwegs sind, eine lokale SIM-Karte verwenden, um Kosten zu sparen.

Wie gut die Internetversorgung mit Smartphone oder mobilem WLAN-Router funktioniert, hängt in erster Linie von der Netzabdeckung Ihres Anbieters ab. Hier lohnen sich nach meiner Erfahrung die höheren Kosten für einen Anbieter im D-Netz, denn ansonsten stehen Sie auf einem abgelegenen Campingplatz doch schnell wieder ohne Internet da. Wobei eine digitale Auszeit im Urlaub natürlich auch sehr erholsam sein kann, aber das ist ja ein ganz anderes Thema ...

Duschen, Geschirr spülen und Wäsche waschen

„Camping ist der Zustand, in dem der Mensch seine eigene Verwahrlosung als Erholung empfindet." Diese vermeintlich selbstironische Camperweisheit begegnet einem mitunter auf Wohnmobilen, T-Shirts oder Frühstücksbrettchen.

Goldene Wasserhähne oder prunkvolle Marmorbecken erwartet wohl in der Tat niemand auf dem Campingplatz, aber da nur die wenigsten mangelnde Körperhygiene als Ausdruck der eigenen Freiheit begreifen, kann „Möglichst sauber sollten sie sein." wohl als universeller Anspruch an die sanitären Anlagen auf einem Campingplatz gelten.

Ohne Zweifel sind die öffentlichen Sanitäranlagen ein sehr sensibler Bereich und sind, wie bereits an anderer Stelle erwähnt, von entscheidender Bedeutung für das eigene Wohlbefinden und damit für das Gelingen des gesamten Urlaubs.

Selbstverständlich ist letztendlich natürlich der jeweilige Campingplatzbetreiber für die Reinigung und Instandhaltung der Waschräume zuständig, da diese vor allem in der Hauptsaison aber von vielen Menschen genutzt werden, kann auch jeder Einzelne etwas dazu beitragen und zum Beispiel nach dem Duschen mit dem bereitgestellten Abzieher dafür sorgen, dass der nächste Campinggast sich nicht in einer knöcheltiefen Pfütze umziehen muss.

Nach meinen eigenen Erfahrungen haben Sauberkeit und Hygiene auf der überwiegenden Zahl der Campingplätze einen erfreulich hohen Standard und der schlechte Ruf der Campingplatz-WCs geht eher auf einzelne schwarze Schafe unter den Campern zurück, die es nach einem anstrengenden Geschäft nicht mehr schaffen, den Spülknopf zu betätigen oder einen weiten Bogen um die Benutzung der Klobürste machen.

Das Sanitärgebäude eines Campingplatzes umfasst neben den Toiletten auch die, oftmals durch einen separaten Eingang zu erreichenden, Waschräume mit Waschbecken (diese gibt es sowohl mit wie auch ohne Kabine) und Duschen.

Nicht auf allen Plätzen ist warmes Wasser im Übernachtungspreis enthalten und es gibt je nach Campingplatz die unterschiedlichsten Systeme, um für das warme Wasser zu bezahlen. Sie reichen vom Münzautomaten, den Sie mit 50-Cent-Stücken oder speziellen Jetons/Duschmarken aus der Rezeption füttern müssen, um ein paar Minuten warmes Duschwasser zu bekommen, bis hin zur speziellen Magnetkarte, mit denen der Warmwasserverbrauch sekundengenau abgerechnet wird.

Duschautomat

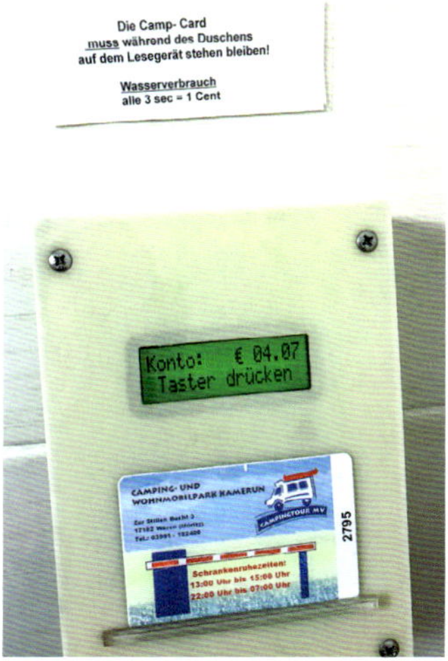

Unabhängig davon ist es aber so, dass morgens alle duschen wollen und es daher in der Zeit von 10 bis 12 Uhr zu Engpässen kommen kann. Um nicht in einer Schlange vor den Duschkabinen warten zu müssen, empfiehlt sich ein „antizyklisches" Verhalten. Entweder Sie stehen entsprechend früh auf oder aber Sie gehen abends duschen.

Vorher sollten Sie sich aber noch darüber informieren, wann die verschiedenen Sanitärräume gereinigt werden. Gerade auf den größeren Plätzen mit mehreren Sanitärhäusern wird das zu reinigende Sanitärhaus für die Dauer der Reinigungsarbeiten komplett gesperrt und Sie müssen dann entsprechend lange Wege in Kauf nehmen, um zum alternativen Waschhaus zu gelangen.

An Hygieneartikeln brauchen Sie neben Zahncreme beim Campingurlaub anders als für den Hotelaufenthalt auch Seife, Shampoo und eigene Handtücher. Empfindlicheren Naturen sind zudem Badelatschen für die Nutzung der öffentlichen Waschräume sehr zu empfehlen. Bei der Mehrzahl der Campingplätze – zumindest in Deutschland und Skandinavien – ist Toilettenpapier in der Regel vorhanden. Auf einzelnen, einfacheren Naturcampingplätzen und Campingplätzen in anderen beliebten Reiseländern ist das anders und man muss für den Toilettengang mit einer Rolle eigenem WC-Papier unter dem Arm über den Platz spazieren.

Sie sollten daher unbedingt vorab, spätestens aber bei der Anmeldung in Erfahrung bringen, ob in den sanitären Anlagen Toilettenpapier vorhanden ist, um keine böse Überraschung in der Kabine zu erleben. In jedem Fall ist es eine gute Idee, immer eine Rolle Klopapier in der Campinggrundausstattung dabeizuhaben, da es selbst auf dem besten Campingplatz einmal vorkommen kann, dass das Nachfüllen vergessen wurde ...

Kommen wir zu erfreulicheren Themen. Auf gut ausgestatteten Plätzen erwarten Sie diverse komfortable Extras, wie z. B. liebevoll gestaltete Kinderbadewelten, die voll und ganz auf die Bedürfnisse der kleinen Campinggäste ausgerichtet sind. Auf bzw. an den kindgerechten, niedrigen Toiletten und Waschbecken können die Kleinen ganz selbstständig agieren und oftmals gibt es für die Allerkleinsten sogar Babybadewannen oder erhöhte Duschen, damit Mama oder Papa keinen Rückenschaden bekommen, wenn der Nachwuchs gesäubert werden soll.

Das Nonplusultra sind natürlich private (Familien-)Waschkabinen, die Sie für eine zusätzliche Gebühr dazubuchen können. Da sie diese Räume exklusiv für sich haben, brauchen Sie dann für die tägliche Körperpflege nicht einmal mehr den Kulturbeutel über den Platz zu tragen.

Auch so lässt sich das Geschirr spülen (md)

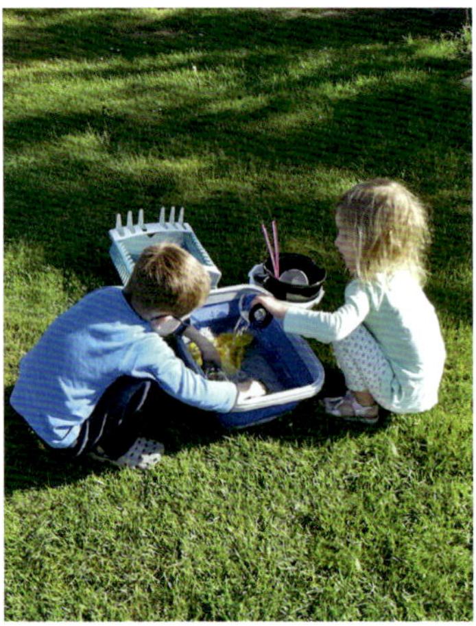

Zusätzlich zu den Toiletten, Duschen und Waschräumen ist im Sanitärgebäude oder in einem separaten Gebäude nebenan auch ein Raum mit den Geschirrspülbecken zu finden. Auf einfacheren Campingplätzen gibt es zu diesem Zweck mitunter auch lediglich ein Outdoorwaschbecken.

Auch wenn Waschräume, Geschirrspüle und Waschküche oftmals im selben Gebäude untergebracht sind, sollte die Trennung klar sein: Aus hygienischen Gründen wird das Geschirr nicht im Wäschebecken und umgekehrt die Schmutzwäsche nicht im Geschirrspülbecken gewaschen!

Entsorgung von Campingtoilette und Grauwasser

So bequem das eigene „stille Örtchen" an Bord eines Wohnwagens oder Wohnmobils auch ist, die Campingtoilette bringt auch ein unangenehmes Übel mit sich, denn die anfallenden Fäkalien müssen regelmäßig entsorgt werden.

In der Regel handelt es sich dabei um Chemietoiletten, die es als tragbare, vom Fahrzeug unabhängige Ausführung („Porta-Potti") oder als fest installierte Kassettentoiletten gibt. Beide Varianten funktionieren nach dem gleichen Prinzip und bestehen aus einem Oberteil mit Frischwassertank (entfällt bei Kassettentoiletten die das Spülwasser aus dem Trinkwassertank des Wohnmobils beziehen),

Sitz und Deckel sowie einem Auffangbehälter für die Fäkalien. Dieser wird mit einem Chemikalienzusatz versehen, der die Geruchsbildung verhindern und die Zersetzung der Hinterlassenschaften beschleunigen soll, damit sich der Tank unkompliziert entleeren lässt.

Die Sanitärzusätze werden in unterschiedlichen Formen angeboten. Besonders einfach zu handhaben sind Tabs, die einfach in den Tank geworfen werden können. Flüssige Zusätze müssen dagegen genau abgemessen werden. Hierbei sollten Sie sich aus Umweltschutzgründen exakt an die Dosiervorgaben des Herstellers halten, denn entgegen dem Prinzip „Viel hilft viel!" bringt eine zu großzügige Verwendung der Chemiezusätze keine zusätzliche Wirkung.

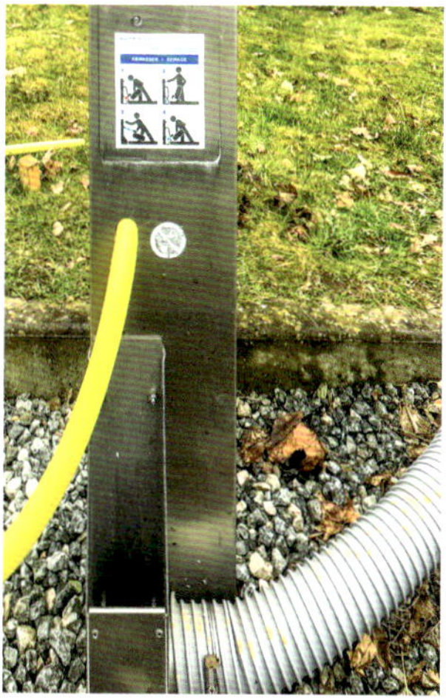

Entsorgungsstation

☺ Die Sorte des verwendeten Toilettenpapiers ist unter Campern ein heiß diskutiertes Thema. Ich selbst benutze spezielles Toilettenpapier aus dem Campinghandel. Das ist zwar etwas teurer, zersetzt sich dafür aber auch besonders leicht. Ich kenne aber auch Camperkollegen, die gute Erfahrungen mit handelsüblichem, dünnem Klopapier gemacht haben. Grundsätzlich gilt: Je weniger Papier im Tank, desto besser. Wer sich nicht daran stört, kann das benutzte Toilettenpapier alternativ auch im Mülleimer entsorgen.

Auf keinen Fall darf die Chemie ins Grundwasser gelangen und das Entleeren einer Campingtoilette in den Gully (der in erster Linie dem Ablauf des Regenwassers dient und nicht zwangsläufig im Klärwerk endet) ist daher tabu!

Entsorgungsstationen für Chemietoiletten finden sich auf nahezu jedem Campingplatz. Sollte einmal keine vorhanden sein, können Sie an der Rezeption nach einer nahegelegenen Entsorgungsstation für Wohnmobile fragen (auch V+E oder VE genannt) und die Entsorgung ist auch direkt an vielen Klärwerken möglich.

Zum Ausgießen und Spülen des Fäkalientanks empfiehlt es sich, Handschuhe anzuziehen. Die grundlegenden Schritte bei der Entsorgung sind wie folgt:

▷ Zunächst den Schieber schließen und die Kassette aus dem Fach nehmen (bzw. bei mobilen Modellen vom Oberteil trennen).

- Den Fäkaltank zur Entsorgungsstation tragen. Neuere Modelle verfügen oft über integrierte Rollen, sodass Sie diese auch ganz bequem hinter sich herziehen können.
- Das Ausgussrohr ausklappen, die Kassette leicht schräg nach oben halten und den Schraubverschluss öffnen.
- Nun das Rohr langsam in Richtung Ausgussschacht neigen und den Inhalt langsam ausgießen.
- Zusätzlich den Entlüftungsknopf vorsichtig (ansonsten fliegt einem die Sch... buchstäblich um die Ohren!) drücken. So geht die Entleerung schneller und ohne Spritzer vonstatten.
- Ist der Tank komplett entleert, Spülwasser aus dem Schlauch der Entsorgungsstation (niemals Kassettentoiletten am normalen Wasch- oder Spülbecken oder der Frischwasserzapfstation reinigen!) nachfüllen.
- Die Kassette etwas hin- und herschwenken, um weitere Feststoffe von den Tankwänden zu lösen, und wieder ausgießen.
- Die vorangegangenen Schritte wiederholen, bis das Wasser beim Ausgießen klar ist.
- Abschließend die Sanitärflüssigkeit einfüllen und je nach Anleitung ein bis zwei Liter Wasser dazugeben, den Schraubverschluss säubern und wieder fest zuschrauben.

Die Entsorgungsstationen unterscheiden sich zwar im Detail (es gibt z. B. Edelstahlbecken, Stutzen am oder Gitterrost im Boden) und sind mehr oder weniger praktisch, das Prozedere beim Entleeren ist aber in den meisten Fällen ähnlich. Relativ neu und besonders komfortabel sind spezielle Automaten wie z. B. CamperClean, die die Entleerung der Kassettentoilette auf Knopfdruck vollautomatisch erledigen: Nach dem Einsetzen des Tanks (und Einwerfen der Münzen, in der Regel kostet dieser Service um die € 2) werden die Fäkalien abgesaugt, der Tank gespült und abschließend mit der richtigen Menge Sanitärzusatz befüllt. Super komfortabel, aber leider noch nicht besonders verbreitet.

Neben der Campingtoilette fällt in Wohnmobilen und einigen Wohnwagen zusätzlich das sogenannte Grauwasser an. Dabei handelt es sich lediglich um das Abwasser des Waschbeckens und der Dusche, das keine Chemiezusätze enthält. Um den Abwassertank zu entleeren, fahren Sie in den meisten Fällen mit dem Wohnmobil einfach über den Gully oder ein Gitterrost – das meist in der Nähe des Fäkalienausgusses zu finden ist –, sodass der Auslassstutzen am Boden des Wohnmobils darüber zu stehen kommt. Nun brauchen Sie nur noch den Schieber zu öffnen und abzuwarten, bis das Schmutzwasser vollständig abgelassen ist.

Campingküche

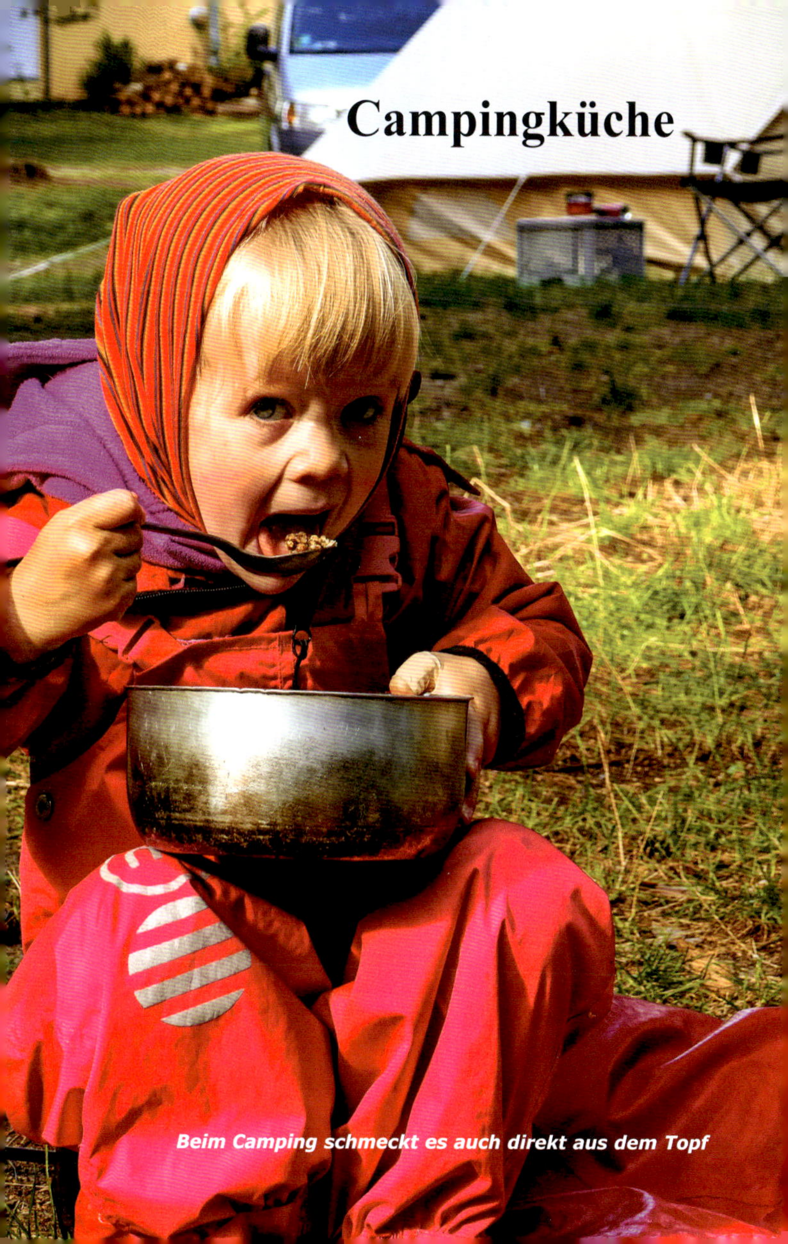

Beim Camping schmeckt es auch direkt aus dem Topf

Essen hält bekanntlich Leib und Seele zusammen. Das gilt für den Campingurlaub im Besonderen, denn ein ganzer Tag an der frischen Luft macht ordentlich Hunger. Eng mit der Campingküche verbunden ist das Vorurteil vom Essen aus der Konservendose: Aber Ravioli auf einem wackeligen Kocher aufzuwärmen und direkt aus der Dose zu löffeln muss nicht sein. Mit ein bisschen Know-how, guter Planung und den geeigneten Utensilien lassen sich ohne Weiteres leckere und gesunde Mahlzeiten zubereiten und das Kochen und Essen unter freiem Himmel ist sicher eines der ganz besonderen Erlebnisse während eines Campingurlaubs, an das Sie sich noch lange Zeit später gerne zurückerinnern werden.

Kochen

Ohne Einschränkungen und fast wie zu Hause kochen lässt es sich, wenn es auf dem Campingplatz eine Gemeinschaftsküche gibt. Deren Ausstattung fällt allerdings sehr unterschiedlich aus. Uneingeschränkt gute Erfahrungen habe ich diesbezüglich auf dänischen Campingplätzen gemacht. Hier werden dem Gast eine umfangreiche Küchenausstattung samt Töpfen, Pfannen und sogar einem Backofen zum Pizzabacken geboten und in der lockeren Atmosphäre der liebevoll gestalteten Sitzecken kommen Sie schnell mit den anderen Campinggästen ins Gespräch.

Draußen herrscht Schmuddelwetter, drinnen wird lecker gekocht (md)

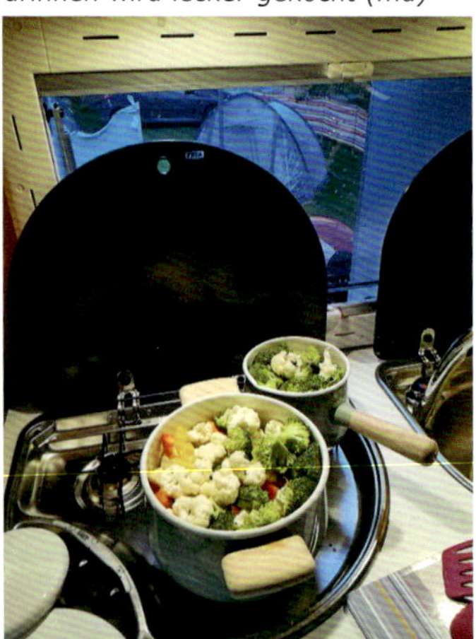

Auf vielen deutschen Campingplätzen führt die Gemeinschaftsküche aber ein Schattendasein und ist nicht selten in einer dunklen Abstellkammer untergebracht und bietet nicht mehr als eine kostenpflichtige, versiffte Kochplatte, die man allenfalls als Notlösung in Betracht ziehen möchte. Hier sollten Sie unbedingt im Voraus klären, was Sie erwartet, um vor Ort keine unliebsamen Überraschungen zu erleben.

Aber für echte Camper gilt ohnehin „Eigner Herd ist Goldes wert!“ und in Wohnmobil und Wohnwagen fährt die eigene Küche in Form eines mehrflammigen Gasherds ja sowieso immer mit. Zeltcamper dagegen benötigen als Herzstück der Outdoorküche einen transportablen Kocher.

☺ Auch für Wohnmobilfahrer und Wohnwagenbesitzer lohnt sich ein separater Gaskocher, den Sie ins Vorzelt oder Freie stellen, um Fleisch, Fisch oder Gemüse zu braten, ohne dass es im Innenraum riecht wie in einer Imbissbude, denn der intensive, langanhaltende Bratgeruch ist nur noch schwer aus dem Fahrzeug herauszubekommen.

Für den Sommerurlaub in Europa ist ein mit Gas betriebener Kocher die beste Wahl. Diese Geräte sind unkompliziert, sicher in der Handhabung und zeichnen sich durch eine saubere Verbrennung aus. Aufwendiges Vorheizen oder verrußte Töpfe? Gibt es mit einem Gaskocher nicht: Einfach das Gas aufdrehen, anzünden (bei Modellen mit komfortabler Piezozündung brauchen Sie dazu nicht einmal ein Feuerzeug oder Streichholz) und schon kann losgekocht werden.

Weitere Brennstoffe für Outdoorkocher

Neben Gaskochern gibt es eine Vielzahl weiterer Outdoorkocher, die mit den unterschiedlichsten Brennstoffen betrieben werden. Sie haben bei Wildnistrips oder auf Expeditionen durchaus ihre Berechtigung, sind im Campingalltag aufgrund ihrer spezifischen Nachteile aber kaum verbreitet. Benzin hat zwar einen sehr hohen Heizwert, ist überall auf der Welt zu bekommen und zudem vergleichsweise günstig, die Inbetriebnahme erfordert allerdings Geduld und Erfahrung und das Hantieren mit dem leichtbrennbaren Benzin ist nicht ganz ungefährlich. Die mächtige Stichflamme beim Vorheizen hat schon so manchem Camper einen gehörigen Schrecken versetzt. Ebenfalls einen hohen Heizwert hat Petroleum, bei dem – anders als beim Benzin – der intensive und unangenehme Eigengeruch aber nicht „verfliegt“. Spirituskocher sind zwar ähnlich unkompliziert zu handhaben wie Gaskocher, der Heizwert von Spiritus ist allerdings gering und die Töpfe werden beim Kochen unweigerlich mit einer dicken, schwarzen Rußschicht überzogen.

Die Auswahl an Gaskochern für den Campingeinsatz ist riesengroß. Während Kocher mit nur einer Flamme in erster Linie zum Zubereiten des Kaffeewassers am Morgen sowie einfachen One-Pot-Gerichten taugen, lassen sich auf Zweiflammenkochern durchaus anspruchsvolle Campingdinner zaubern.

Einfachere Modelle werden direkt auf die Gaskartusche aufgesetzt, was je nach Untergrund, Bauhöhe und Größe des Topfes recht wackelig werden kann. Einen sicheren Stand bieten dagegen flache (Tisch-)Kocher, die mit einem Schlauch an die Gaskartusche angeschlossen werden. Bei diesen Modellen ist der Brenner meist in ein Metallgehäuse eingelassen, das für den Transport wie ein Koffer zusammengeklappt werden kann.

Während sich einige der mehrflammigen Kocher auch an die handelsüblichen, großen Propangasflaschen anschließen lassen, was sich natürlich perfekt für die Verkostung größere Gruppen eignet, sind im Campingbereich aber eher die kleineren, nicht nachfüllbaren Gaskartuschen anzutreffen. Hierbei sind drei ganz unterschiedliche, untereinander nicht kompatible Bauarten verbreitet. Bei der klassischen 190-g-Stechkartusche, die praktisch weltweit und in jedem Baumarkt zu bekommen ist, durchsticht ein kleiner Dorn am Kocher die Außenhülle der Gaskartusche. Diese muss daher bis zur vollständigen Entleerung am Gerät verbleiben. Bei der Easy-Click-Kartusche von Campingaz, die vor allem im südeuropäischen Raum verbreitet ist, handelt es sich dagegen um eine Ventilkartusche, die dank des Bajonetts zwischendurch, z. B. für den Transport, wieder vom Kocher abgenommen werden kann. So wird es außerdem möglich, ein und dieselbe Kartusche sowohl für den Kocher wie auch eine kompatible Gaslaterne zu nutzen. Allerdings handelt es sich um einen proprietären Bajonettverschluss, der nur mit entsprechenden Campingaz-Geräten funktioniert.

Deutlich flexibler sind Schraubkartusche mit dem genormten 7/16"×28-UNEF-Gewinde, das von einer Vielzahl bekannter Kocherhersteller wie MSR, Primus, Coleman und anderen unterstützt wird. Diese Schraubkartuschen sind allerdings etwas teuer und fast nur im Fachhandel bei Camping- oder Outdoorausrüstungsläden zu bekommen und nur in den wenigsten Baumärkten.

Mobiler Gaskocher

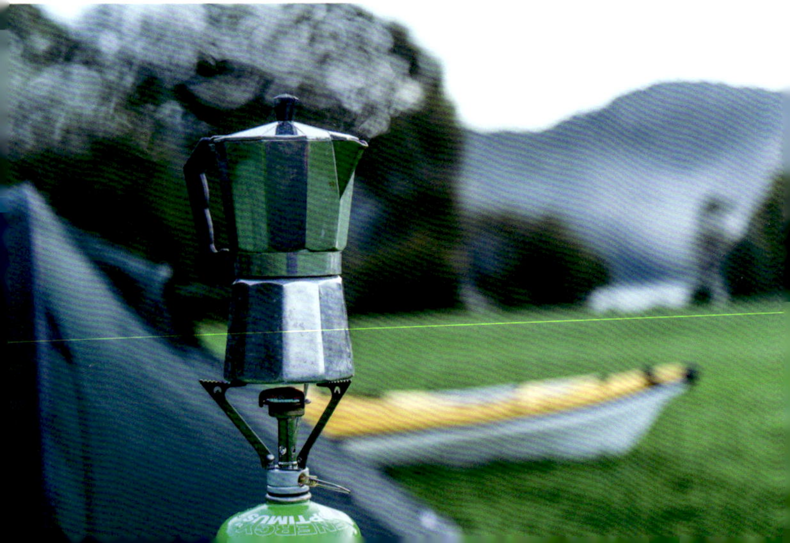

Vor einer längeren Tour ins Ausland sollten Sie vorab unbedingt klären, wie es im Reiseland um die Nachschubversorgung für die benötigten Gaskartuschen steht. So werden Sie zum Beispiel während eines Skandinavienurlaubs keine Probleme haben, Schraubkartuschen nachzukaufen. Bei einem Urlaub in Frankreich dagegen werden Sie sowohl auf den Campingplätzen wie auch in den örtlichen Geschäften praktisch nur Campingaz-Kartuschen bekommen.

Zusammen kochen macht Spaß

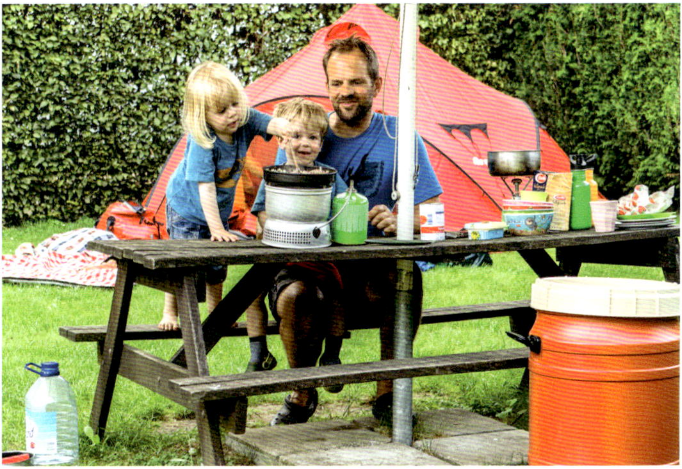

Sobald es kalt wird, kommen Gaskocher an ihre Grenzen. Mit sinkenden Umgebungstemperaturen fällt auch der Gasdruck und spätestens um den Gefrierpunkt streikt der Gaskocher, da das Flüssiggas nicht mehr in den gasförmigen Zustand übergeht. Einige Hersteller (z. B. Primus) bieten daher extra für den Wintereinsatz spezielle Gasmischungen an, bei denen ein erhöhter Anteil an Propangas die Kältetauglichkeit erhöht.

Für das Verstauen der Nahrungsmittel haben sich Klappkisten oder stapelbare Euroboxen bewährt. Praktisch ist auch eine spezielle Kochkiste (bei uns leistet seit vielen Jahren eine stabile Zarges-Alubox gute Dienste), in der Sie die gesamte Küchenausstattung zentral an einem Ort zusammen unterbringen können.

Je nach Größe der Gruppe benötigen Sie mindestens zwei unterschiedlich große Töpfe und eine Pfanne. Natürlich tut hier auch traditionelles Kochgeschirr seinen Dienst, im Campinghandel finden Sie aber eine Reihe von speziellem Campinggeschirr, das sich durch ein paar clevere Details auszeichnet, z. B. Pfannen mit abnehmbaren Griffen oder spezielle Deckel mit Öffnungen, um das Nudelwasser abzugießen, sodass man sich ein separates Sieb sparen kann. Achten Sie bei der Auswahl von Pfannen und Töpfen unbedingt auf deren Durchmesser, denn gerade bei Campingkochern stehen die einzelnen Flammen oft sehr eng beieinander.

Um eine hungrige vierköpfige Familie in kinderverträglichen Zeiten mit Essen zu versorgen und nicht in mehreren Durchläufen kochen zu müssen, braucht es einen ausreichend großen Lagertopf mit einem Volumen zwischen 3 und 4 l. Viel Inhalt bei kleinem Packmaß bietet z. B. der Seat to Summit X-Pot (💻 www.seatosummit.com). Der 2,8 l fassende Faltkochtopf ist zusammengelegt gerade einmal 4 cm hoch. Sein Boden besteht aus hartanodisiertem Aluminium, die faltbaren Wände aus lebensmittelechtem, hitzebeständigem Silikon. Praktisch ist auch das im Deckel integrierte Nudelsieb, das sich mit zwei Laschen (die gleichzeitig auch als Topfgriffe dienen) zuverlässig am Topf befestigen lässt.

Beim Geschirr hat sich Melamin als Material bewährt. Dieses Kunststoffgeschirr ist lebensmittelecht, sehr robust und spart Gewicht. Im Campingfachhandel gibt es mehr oder weniger umfangreiche Sets in den unterschiedlichsten Designs.

Vielseitig einsetzbar: Taschenmesser

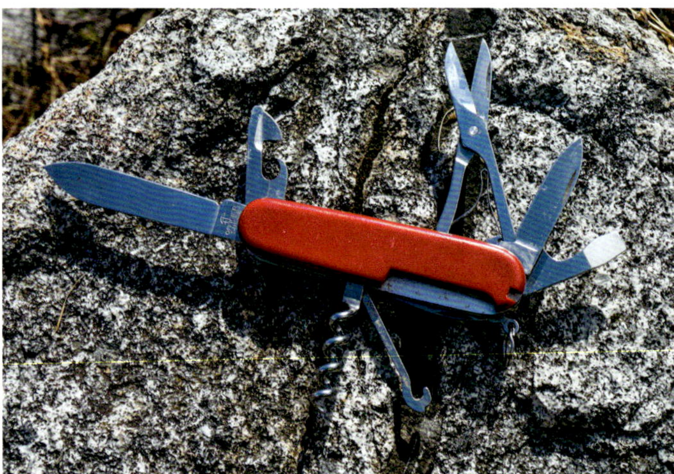

Auch bei Gläsern und Bechern sollten Sie statt auf Glas oder Porzellan besser auf unzerbrechliches Polycarbonat setzen. Hier hält der Fachhandel ebenfalls eine gigantische Auswahl bereit, vom einfachen Trinkbecher bis zu speziellen Wein- und Biergläsern, die sich dank abschraubbarem Fuß besonders klein verpacken lassen.

Falls hin und wieder dann doch eine Dose geöffnet werden soll und Sie nicht nur Wein aus Flaschen mit Schraubverschluss trinken möchten, benötigen Sie außerdem noch einen Dosenöffner sowie einen Korkenzieher. Beides zusammen und noch viele weitere Funktionen, die Sie als Camper in den unterschiedlichsten Situationen gebrauchen können, vereint ein multifunktionales Taschenmesser.

Komplett wird die Küchenausstattung mit Besteck, Schneidebrett, scharfem Messer, Spar- und Gemüseschäler, Kochlöffel und Suppenkelle und last but not least sollten Sie an Topfuntersetzer denken, damit der Campingklapptisch oder die Arbeitsfläche im Wohnmobil nicht mit den Abdrücken der nach dem Kochen heißen Töpfe „verziert" werden.

Je nach Campingplatz können die Wege zum nächsten Wasserhahn recht lang werden. Ein Faltkanister (erhältlich z. B. in 5 l oder 10 l) spart unnötige Rennerei und lässt sich bei Nichtgebrauch kompakt verstauen.

Auch wenn es auf Komfortzeltplätzen inzwischen schon Geschirrspülmaschinen für Camper gibt, will nach dem Essen der Abwasch in der Regel in Handarbeit bewältigt werden. Dafür werden etwas Spülmittel, ein kleiner Schwamm und ein Küchenhandtuch benötigt. Wertvolle Dienste leistet eine spezielle Faltschüssel, mit der Sie das Geschirr bequem zur Abwaschstelle transportieren und in der Sie auch Gemüse putzen können.

Outdoorbackofen

Ein fest installierter, traditioneller Backofen findet sich eigentlich nur in Wohnmobilen der Luxusklasse. Dank des genialen, tragbaren Omnia-Backofens (💻 www.omniasweden.com) brauchen aber auch alle übrigen Camper nicht auf frische Backwaren zu verzichten.

Ob selbst gebackenes Brot, leckerer Schokokuchen oder deftiger Gemüseauflauf: Der Omnia ist eine unglaublich vielseitige Erweiterung für die Campingküche und macht praktisch jeden Campingkocher zum Minibackofen. Er besteht aus drei Teilen und wird einfach auf den Herd gestellt.

Herzstück ist die einer Gugelhupfform ähnliche, runde Aluminiumbackform mit einem Durchmesser von 25 cm und einem Loch in der Mitte. Nachdem diese mit dem Backgut befüllt wurde, wird sie auf das Untergestell aus rostfreiem Stahl gestellt, welches ebenfalls ein mittiges Loch aufweist und das einen Abstand

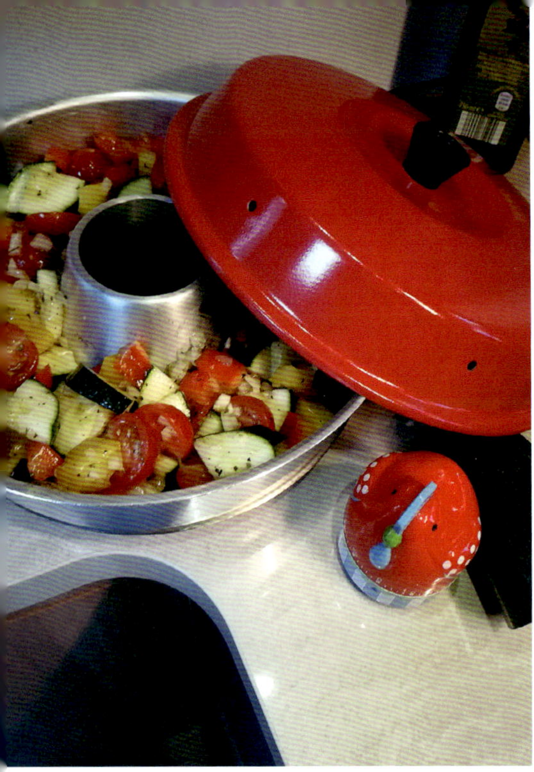

Mit dem Omnia-Backofen lassen sich köstliche Gerichte zaubern (md)

zwischen Flamme und Teig schafft, damit nichts anbrennt. Oben drauf kommt der charakteristische, rote Aluminiumdeckel.

Der clevere, dreiteilige Aufbau verteilt die Hitze sehr gleichmäßig. Die Form wird nicht nur von unten erwärmt, sondern erzeugt gleichzeitig eine passable Oberhitze, da die Wärme durch den mittleren Ring nach oben aufsteigen kann und vom Deckel zurück auf die Backware geleitet wird.

Die gesamte Form inklusive Deckel wird im Betrieb sehr heiß. Um sich die Finger nicht zu verbrennen, sind Topflappen Pflicht!

Zusätzlich zur eigentlichen Backform gibt es weiteres praktisches Zubehör, das den Einsatzbereich noch einmal erweitert. Mit dem Aufbackgitter lassen sich fertige Frühstücksbrötchen aus dem Supermarkt aufbacken und es gelingen auch kleinere Teilchen wie Kekse oder Muffins und die passgenaue Silikonform macht die Reinigung nach dem Backen zum Kinderspiel.

Grillen

Sommerzeit ist Grillzeit und für viele Camping ohne Grillen gar nicht denkbar. Schlendert man während der Sommermonate über einen Campingplatz, so duftet es an jeder Ecke verführerisch und auf den Grillrosten rechts und links brutzeln

Fleisch, Fisch und Gemüse. Wie die Vorfahren in der Steinzeit scharren sich die Camper um das Feuer und genießen in geselliger Runde die einzigartige Atmosphäre unter freiem Himmel.

In irgendeiner Form ist Grillen zwar auf den meisten Campingplätzen gestattet, bevor Sie selbst den Grill anwerfen, sollten Sie sich aber in der Rezeption nach den genauen Regelungen erkundigen. Mal sind spezielle Plätze zum Grillen eingerichtet, nicht überall sind Holzkohlegrills gestattet und bei akuter Waldbrandgefahr in der trockenen Jahreszeit kann das Grillen mitunter ganz untersagt werden.

Das Angebot an Grillgeräten ist so vielseitig, wie die Geschmäcker unterschiedlich. Neben der grundsätzlichen Entscheidung, ob es sich um einen Holzkohle-, Gas- oder Elektrogrill handeln soll, spielen bei der Kaufentscheidung die Faktoren Gewicht und Packmaß eine wichtige Rolle. Leider gilt hierbei der Grundsatz: Je mehr Möglichkeiten der Grill bietet, desto unhandlicher und schwerer wird er.

Einweggrills

Einweggrills bestehen aus einer Aluschale, die mit etwas Kohle und jeder Menge Grillanzünder bestückt ist, und versprechen schnelles, unkompliziertes Grillvergnügen. Sie sind aber auch eine ökologische Katastrophe und das nicht nur, weil sie nach dem einmaligen Gebrauch weggeschmissen werden und nicht recycelbar sind, sondern auch, weil die Herstellung des benötigten Aluminiums sehr energieintensiv ist.

Aber auch aus praktischen Gründen spricht vieles dafür, einen weiten Bogen um Einweggrills zu machen. Die geringe Menge an Kohle ermöglicht nur eine kurze Brenndauer und so manches Stück Fleisch bleibt innen roh. Aufgrund der nur kurzen oder gar nicht vorhandenen Beine wird der Boden unter dem Einweggrill unweigerlich in Mitleidenschaft gezogen und Einweggrills sind auf vielen Campingplätzen auch nicht gerne gesehen oder ganz verboten.

Wer für das spontane Grillvergnügen bei der Wochenendcampingtour dennoch nicht auf den Einweggrill verzichten möchte (kein lästiges Zusammenbauen, kein extra Sack Grillkohle nötig, kein Reinigen des Grillrostes), findet inzwischen zum Glück auch ökologisch unbedenklichere und nachhaltige Varianten wie z. B. den CasusGrill (💻 www.blome.biz). Er kommt ohne Aluminium aus und kann nach dem Grillen einfach auf dem Kompost entsorgt werden.

Holzkohlegrills

Der Holzkohlegrill ist ein echter Klassiker und schon seit den Kindertagen des Campings im Einsatz. Grillfans schwören auf das typische Grillaroma, das weder von Gas- und erst recht nicht von Elektrogrills erreicht wird.

Holzkohlegrills sind günstig in der Anschaffung. Einfache Rundgrills sind ab etwa € 20 zu haben. Besonders praktisch für den mobilen Einsatz sind kompakte Faltgrills, das Nonplusultra für Grillgourmets stellen Kugelgrills dar, bei denen sich die Hitze durch den Deckel – ähnlich wie in einem Ofen – gleichmäßig verteilt.

Für den schnellen Hunger eignen sich traditionelle Holzkohlegrills aber nicht. Um die Kohle zu entzünden, braucht es Grillanzünder und spätestens beim Anblick der daraufhin oftmals hoch auflodernden Stichflammen ist klar, warum Holzkohlegrills an trockenen Standorten mit Waldbrandgefahr oftmals nicht zum Einsatz kommen dürfen.

☺ Als Sicherheitsmaßnahme sollte beim Grillen mit Holzkohle immer ein Eimer mit Wasser oder eine Löschdecke zur Hand sein.

Bis die Kohle von einer weißen Ascheschicht überzogen ist und man mit dem Grillen beginnen kann, dauert es nach dem Anzünden gut und gerne mindestens 30 Minuten und aufgrund der kräftigen Rauchentwicklung ist Ärger mit dem Nachbarn praktisch vorprogrammiert. Am Ende der Grillparty muss die Kohle erst abkühlen und dann am nächsten Morgen als Asche entsorgt werden.

Früh übt sich, was eine Grillmeisterin werden will

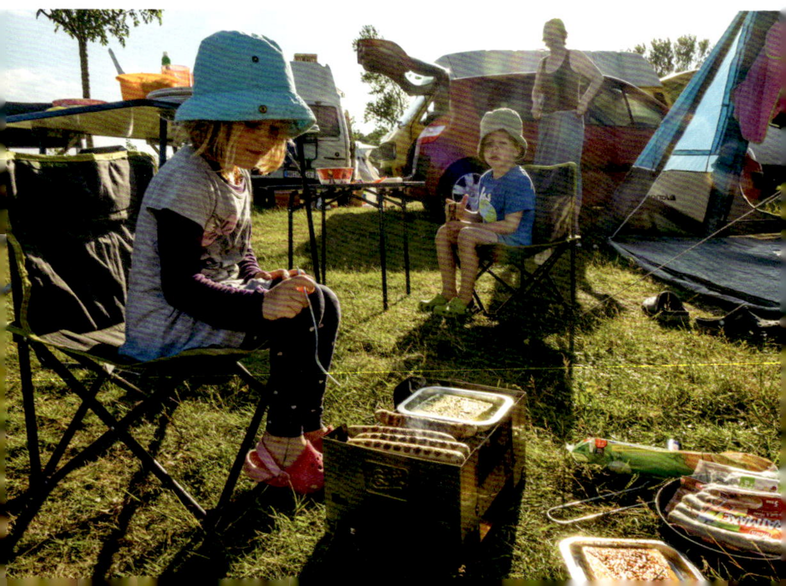

Seit einigen Jahren haben moderne Holzkohle-Tischgrills, die z. T. mit einem elektrischen Lüfter ausgestattet sind, zu einer kleinen Revolution geführt. Sie bleiben außen so kalt, dass Sie sie problemlos auf einen Tisch stellen können und das Grillgut bekommt das charakteristische Holzkohlearoma, ohne dass Funkenflug und Rauchschwaden befürchtet werden müssen.

Gasgrills

Gasgrills haben viele Stärken und sind daher bei Campern sehr beliebt. Sie zünden auf Knopfdruck und schon nach rund 15 Minuten kann das Grillvergnügen starten. Dabei ist der Betrieb sehr sicher und äußerst komfortabel. Die Größe der Flamme und damit die Temperatur lässt sich unkompliziert per Drehknopf regeln. Das eröffnet eine große Vielfalt an Zubereitungsmöglichkeiten vom Kochen über das Dünsten bis hin zum Braten. Selbst an langen Grillabenden braucht keine Kohle nachgelegt zu werden und der Nachbar freut sich über die geringere Rauchentwicklung.

Für den Betrieb ist eine separate Gaskartusche bzw. -flasche erforderlich, bei Wohnwagen oder Wohnmobilen mit Außenanschluss kann der Grill aber auch über die Gasflasche des Fahrzeugs mit Brennstoff versorgt werden. Einziger Wehrmutstropfen ist der verhältnismäßig hohe Anschaffungspreis ab etwa € 100 aufwärts. Ein Spitzenmodell wie das Multifunktionsgerät Carri Chef 2 von Cadac kostet sogar stolze € 300.

Elektrogrills

Grillen ohne Feuer? Für Grill-Puristen undenkbar. Trotzdem sind Elektrogrills bei vielen Campern im Einsatz, da sie nur eingeschaltet werden müssen und schon kann losgebrutzelt werden – und das sogar ohne die Befürchtung, den Platznachbarn in Dunstschwaden zu hüllen.

Dank ihrer kompakten Abmessungen lassen sich die meisten Elektrogrills gut verstauen, eignen sich aber nur für das Grillen im kleineren Kreis, denn die Auflagefläche eines Elektrogrills ist kleiner als der Rost bei den meisten Gas- oder Holzkohlegrills.

Als problematisch kann sich die hohe Leistungsaufnahme bei modernen Elektrogrills erweisen und eine zu schwache Sicherung am Stell- oder Campingplatz macht dem Grillvergnügen schnell einen Strich durch die Rechnung.

Romantik unterm Sternenhimmel: Lagerfeuer

Noch eine Stufe archaischer als das Grillen ist das Lagerfeuer. Erst als unsere Vorfahren in der Steinzeit lernten, das Feuer zu beherrschen, war der Grundstein für unsere Zivilisation gelegt, denn ohne die Fähigkeit, das Feuer zu kontrollieren, wäre der Mensch nie in der Lage gewesen, Eisen zu schmieden, um daraus Werkzeuge herzustellen.

Noch heute üben das chaotische Spiel der tänzelnden Flammen und das Knistern und Knacken eines Feuers eine unglaubliche Faszination auf die meisten Menschen aus. Ich habe zumindest noch niemanden kennengelernt, der nicht früher oder später wie in Trance in die lodernde Glut starrt und seinen Gedanken nachhängt.

Allerdings ist offenes Feuer auf den meisten Campingplätzen zumindest auf der eigenen Parzelle verboten. Einheitliche Regeln dazu gibt es aber nicht und der Umgang mit Lagerfeuern wird von Platz zu Platz unterschiedlich gehandhabt. Ob ein Feuer entfacht werden darf oder nicht, hängt auch von der Urlaubsregion und der aktuellen Wetterlage ab. Während Lagerfeuer am Mittelmeer angesichts der erhöhten Waldbrandgefahr meist grundsätzlich verboten sind, sind auf einigen Campingplätzen in Deutschland und Nordeuropa zumindest Feuerschalen gestattet oder es ist eine zentrale Feuerstelle eingerichtet.

Dabei ist ein Lagerfeuer nicht nur schön anzuschauen, sondern hat auch einen mehrfachen praktischen Nutzen: Es wärmt an kühlen Abenden, hält die Mücken fern und kann auch als Kochstelle genutzt werden.

So lassen sich z. B. Würstchen oder andere Leckereien auf einen Stock spießen und über den Flammen rösten. Eine weitere Köstlichkeit, die wenig Arbeit macht, sind Kartoffeln, die zum Garen in Alufolie gewickelt und in die Glut gelegt werden.

Kochen wie die Cowboys können Sie mit einem sogenannten Dutch Oven (z. B. 💻 www.petromax.de), mit dem schon die deutschen und niederländischen Siedler während ihrer Reisen bei der Besiedelung des nordamerikanischen Kontinents vor dem Planwagen kochten.

Ein solcher, schwerer Topf aus Gusseisen kann an einem Dreibein aufgehängt oder auch direkt in das Feuer gestellt werden und eignet sich perfekt zum Garen von Fleisch und Gemüse sowie zur Zubereitung von deftigen Eintöpfen und Suppen. Wem Gusseisen für den mobilen Einsatz zu schwer ist, findet heutzutage auch Töpfe aus hartanodisiertem Aluminium (z. B. 💻 www.gsioutdoors.com), die nur etwa ein Drittel des Gewichts eines Dutch Ovens aus Gusseisen in vergleichbare Größe auf die Waage bringen.

📖 Carsten Bothe: Dutch Oven. Kochen über offenem Feuer, Heel

📖 Niklas Ekstedt: Outdoor Kochen. Das Lagerfeuer-Kochbuch. 95 Gerichte für draußen, National Geographic Buchverlag

Nicht nur bei Kindern sehr beliebt sind das Rösten von Marshmallows, das Backen von Stockbrot (☞ Rezept siehe Umschlagklappe) oder die Zubereitung von Popcorn. Selbstverständlich gibt es dazu im Outdoorhandel spezielle (und entsprechend teure) Popcorntöpfe oder -pfannen für Lagerfeuer.

Marshmallows über dem Lagerfeuer

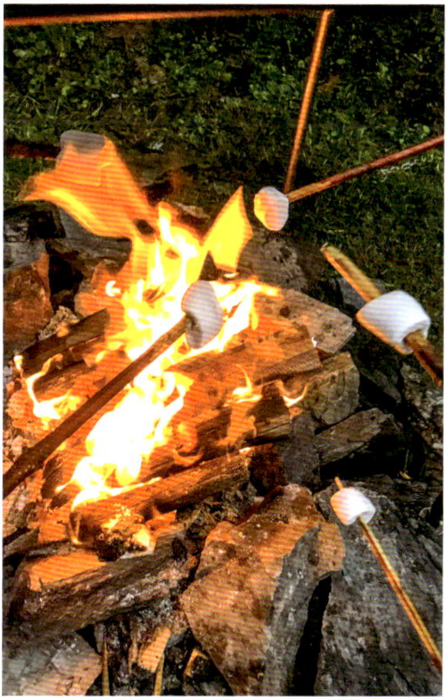

Mit ein bisschen Geschick lässt sich ein praktischer Popcorn-Zubereiter für das Lagerfeuer aber auch für kleines Geld leicht selbst basteln. Alles was Sie dazu benötigen, sind zwei einfache Edelstahlsiebe mit etwa 20 cm Durchmesser (sehr gut geeignet ist u. a. das Modell „Idealisk“ aus der Küchenabteilung des blau-gelben Möbelriesen aus Schweden), die mit Hilfe von zwei Schlauchschellen am Ende eines Stocks befestigt werden. Die Siebe müssen dabei mit den Öffnungen zueinander zeigen, sodass das Popcorn nicht herausfallen kann. Bei der Zubereitung ist dann Geduld gefragt. Auf keinen Fall die Siebe zu tief in die Flammen halten, um den Prozess zu beschleunigen. Nach rund 5 Minuten beginnen die Maiskörner zu knistern und verwandeln sich mit munterem Puffen in leckeres Popcorn.

Jeder romantische Lagerfeuerabend geht einmal zu Ende und das Feuer muss sicher gelöscht werden, bevor Sie sich in den Schlafsack kuscheln. Besser als Wasser eignet sich dazu Sand. Neben der geringeren Qualmentwicklung lässt sich so das Lagerfeuer am nächsten Tag an gleicher Stelle auch wieder leichter entfachen.

Lebensmittel und Getränke kühl lagern

Sommer, Sonne, Sonnenschein: Während Wohnwagen und Wohnmobil in der Regel mit einem Kühlschrank ausgestattet sind, müssen sich Zeltcamper in der warmen Jahreszeit zwangsläufig mit der Frage beschäftigen, wie Lebensmittel und Getränke kühl gelagert werden können.

Da aber auch der Platz im Kühlschrank eines Caravans begrenzt ist, empfiehlt es sich ohnehin, für den Grundvorrat auf Lebensmittel zurückzugreifen, die auch ohne Kühlung nicht so schnell verderben. Gut als Campingproviant eignen sich z. B. Müsli (in Verbindung mit H-Milch oder Milchpulver), Schokocreme, Schmierkäse und Knäckebrot oder Aufbackbrötchen (in Verbindung mit dem Omnia-Backofen, ☞ Seite 109) fürs Frühstück. Aus Reis, Nudeln oder Couscous und Tomaten aus der Konservendose oder Pesto lässt sich im Handumdrehen ein durchaus leckeres Gericht zubereiten, wenn es einmal schnell gehen muss und Sie keine Lust mehr zum Einkaufen haben. Frische Lebensmittel, die am Abend auf den Grill sollen, kaufen Sie dagegen besser frisch ein.

Aber was ist mit Butter, Käse und frischer Wurst und einem gut gekühlten Getränk als Erfrischung bei hochsommerlichen Temperaturen? Die Methode, ein 50 cm tiefes Erdloch auszuheben, um empfindliche Lebensmittel und Getränke kühl aufzubewahren, funktioniert zwar erstaunlich gut, wird aber auf den meisten Campingplätzen aus verständlichen Gründen nicht gerne gesehen und ist deshalb meist verboten. Praktikabler ist es da schon, die Verdunstungskälte von Wasser zum Kühlen zu nutzen. Um einzelne Flaschen auf eine angenehme Trinktemperatur herunterzukühlen, eignet sich der „Sockenkühlschrank": Einfach eine nasse Socke über die Flasche legen, in die Sonne legen und darauf achten, dass die Socke nicht austrocknet!

Für einen größeren Lebensmittelvorrat ist diese Technik allerdings weniger praktikabel. Gut, wenn auf dem Campingplatz eine Kühlmöglichkeit zur Verfügung steht. So lassen sich mancherorts Kühlfächer gegen eine zusätzliche Gebühr mieten und oftmals kostenlos sind spezielle Gefriertruhen, die in der Regel aber nicht dazu gedacht sind, Lebensmittel direkt einzulagern, sondern um Kühlakkus für die eigene Kühlbox zu frosten. Für durchgehende Kühlung brauchen Sie allerdings mindestens einen doppelten Satz an Kühlpads und müssen sich ständig um das Auswechseln der Kühlaggregate kümmern.

Deutlich weniger mühsam sind spezielle, strombetriebene Kühlboxen. Für den Betrieb ist dann allerdings ein 220-V-Stromanschluss Voraussetzung, durch den auf vielen Plätzen zusätzliche Gebühren anfallen und nicht immer sind auch auf der Zeltwiese Stromanschlüsse vorhanden. Auch wenn viele der mobilen Kühlboxen sich an die 12-V-Steckdose im Auto anschließen lassen, ist das allenfalls für kürzere Ausflüge ratsam. Für den Dauerbetrieb ist aber dringend davon abzuraten, denn die Kühlboxen saugen so kräftig an der Starterbatterie, dass Ihr Auto wahrscheinlich schon nach einem Tag Kühlbetrieb nicht mehr anspringen wird.

Grundsätzlich lassen sich bei den strombetriebenen Kühlboxen drei unterschiedliche Funktionsweisen unterscheiden. Am preiswertesten sind thermoelektrische Kühlboxen mit einem sogenannten Peltierelement, das die Wärme im Inneren der Kühlbox aufnimmt und nach außen abgibt. Solche Kühlboxen sind schon für unter € 100 zu haben, aber die Kühlleistung ist begrenzt. Die Hersteller geben zwar Kühlwerte von bis zu 30 °C unter der Umgebungstemperatur an, allerdings sind diese Angaben mit Vorsicht zu genießen und spätestens, wenn die Sonne brennt und die Temperatur selbst im Schatten nicht unter 30 °C fällt, bleibt das Bier lauwarm.

Für den Dauereinsatz auf dem Campingplatz sehr beliebt sind Absorberkühlboxen, die mit einem Gemisch aus Ammoniak als Kältemittel und Wasser als Kühlmittel funktionieren, bei deren Verbindung (=Absorption) ein Kühleffekt eintritt.

☺ Da die beiden Stoffe anschließend durch Erhitzen wieder voneinander getrennt werden müssen, gibt es auch Absorberkühlboxen, die mit einer Gaskartusche betrieben werden und damit unabhängig vom Stromnetz funktionieren.

Die stärkste Kühlleistung bei gleichzeitig niedrigem Stromverbrauch bieten Kompressorgeräte, die nach dem gleichen Prinzip wie normale Haushaltskühlschränke funktionieren. Im Verdampfer im Innenraum des Kühlschranks wird das Kältemittel verdampft, nimmt Wärme auf und strömt als Gas zum Kompressor. Hier wird es verdichtet, wodurch es sich weiter erwärmt. Das unter hohem Druck stehende, gasförmige Kühlmittel gibt an den Kühlrippen auf der Geräterückseite Kondensationswärme an die Zimmerluft ab und wird wieder flüssig, sodass der Kreislauf von Neuem beginnen kann.

Camping mit Kindern

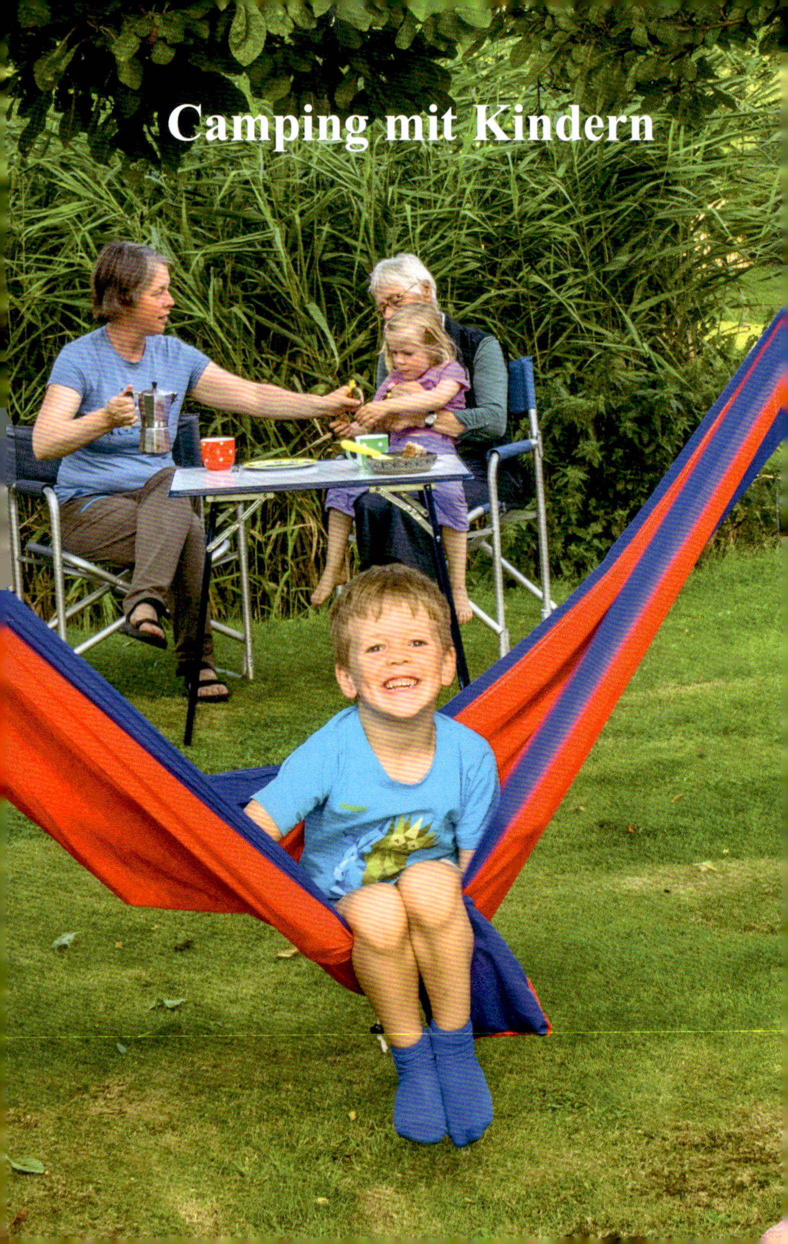

Camping mit Kindern ist toll und ein unvergessliches Naturerlebnis für die ganze Familie. Den ganzen Tag an der frischen Luft, abends Stockbrot über dem Lagerfeuer und eine lauschige Nacht unter dem Sternenhimmel. Natürlich schläft es sich auf einer dünnen Isomatte weniger komfortabel als in einem Vier-Sterne-Hotel. Aber darum geht es ja auch gar nicht und Kinder lieben das Abenteuer.

Ein Mindestalter gibt es dabei nicht. Schon die Allerkleinsten können mit und selbst Babys brauchen keine Sonderbehandlung. Mit dem ein oder anderen Trick lässt sich der Aufenthalt auf dem Campingplatz aber stressfreier gestalten. Mit einem Wasserkocher, für den sich im Waschraum oder der Küche eigentlich immer eine Steckdose finden lässt, ist das Milchfläschchen unkompliziert zubereitet und in einer Thermoskanne bleibt das Wasser lange genug warm, damit Sie nicht zu nachtschlafender Zeit aus dem Zelt müssen.

In speziellen Kinderreisebetten (z. B. 💻 www.nomad.nl) schlafen die Kleinsten vor Insekten geschützt so sicher wie zu Hause. Es ist einfach und schnell aufgebaut und kann auch außerhalb des Zeltes zum Beispiel am Strand genutzt werden. Das Aluminiumgestänge ist robust genug, um die ersten „Klimmzüge" des Nachwuchses unbeschadet wegzustecken.

Was den idealen Campingplatz für Familien mit Kindern angeht, so hat wohl jeder seine ganz eigenen Vorstellungen und es hängt auch vom Alter der Kinder ab. Für Kinder im Krabbelalter ist eine Wiese als Untergrund natürlich besser geeignet als ein parzellierter Platz mit Schotter. Größere Kinder freuen sich über eine Badestelle, die aus Sicherheitsgründen möglichst flach abfallen sollte.

Persönlich gefallen mir individuelle Plätze mit netter Atmosphäre besser als Luxus-Komfortcamping mit Kinderanimationsprogramm, Indoorspielplatz und Hallenbad. Wobei solche Einrichtungen während Schlechtwetterperioden natürlich ein Segen sein können. Nicht fehlen darf ein abwechslungsreicher Spielplatz und Familienbäder mit niedrigen Waschbecken, Kinder-WCs und Wickelmöglichkeiten. Ideal sind autofreie Plätze und wenn es dann noch eine Stelle zum Lagerfeuermachen gibt, ist das Urlaubsglück perfekt.

Überlegen Sie sich rechtzeitig Alternativen für Regentage

Es gibt kein schlechtes Wetter, sondern nur die falsche Kleidung? Blöder Spruch! Einen Regentag mit Vorlesen und Kartenspielen im Zelt zu verbringen, kann recht romantisch sein. Aber wenn es tagelang Bindfäden regnet und man überhaupt nichts draußen unternehmen kann, werden das klamme Zelt oder der muffige Caravan schnell zur Hölle. Das kommt zum Glück zwar nur selten vor, aber Sie sollten darauf vorbereitet sein.

Denken Sie daher schon bei der Urlaubsplanung an Freizeitmöglichkeiten bei schlechtem Wetter. Das kann ein Hallenbad in der nächsten Stadt sein, ein

Museum oder ein Schloss. Auch in der Campingplatzrezeption kann man Ihnen sicherlich Informationen zu interessanten Ausflugszielen in der näheren Umgebung liefern.

Als letzte Option bei nicht enden wollendem Dauerregen bleibt als Ausweg ein radikales Vorgehen: Brechen Sie die Zelte ab bzw. spannen Sie den Wohnwagen an und fahren Sie der Sonne hinterher. Schließlich sind Freiheit, Spontanität und Flexibilität das große Plus beim Campingurlaub und die schönste Zeit des Jahres ist einfach zu wertvoll, als dass Sie sich von schlechtem Wetter die Stimmung vermiesen lassen sollten.

Karten kann man draußen, oder bei schlechtem Wetter auch im Zelt spielen

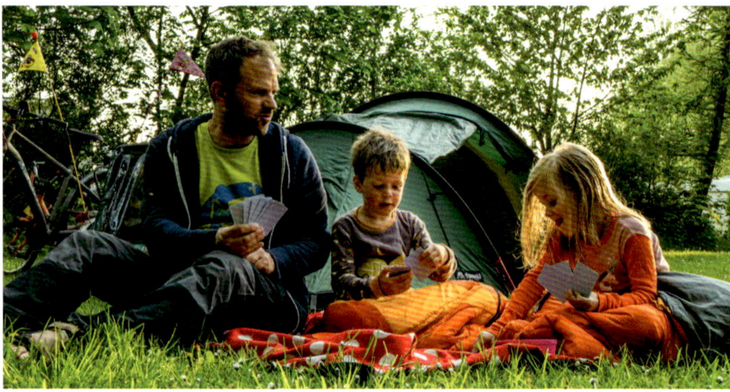

Und wann ist nun die beste Reisezeit für einen Campingtrip mit Kids? Diese Frage erübrigt sich mit Kindern im schulpflichtigen Alter und natürlich stehen die Chancen für gutes Wetter im Sommer am besten. Allerdings kann es selbst in Deutschland im Zelt oder Caravan in der Sonne schnell extrem heiß werden – dass man sich dann einen Stellplatz im Schatten aussucht, versteht sich von selbst. Ausreichend Sonnenschutz in Form von Sonnenhut, Sonnencreme und Sonnenbrillen nicht vergessen! Mein Tipp: Auch Frühling und Herbst bieten warme und trockene Tage und als zusätzliches Plus geht es auf den Campingplätzen meist etwas ruhiger zu. Willkommener Nebeneffekt: Die Übernachtungspreise sind oftmals etwas günstiger.

Als Kleidung sind funktionelle Outdoorklamotten besonders praktisch. Sie trocknen schnell und sind gleichzeitig wind- und wasserfest. Auch wenn in Ihrem Urlaub (hoffentlich) die meiste Zeit die Sonne scheint, sind Regenjacke, Buddelhose und Gummistiefel im Gepäck ein Muss.

Viel Platz im Kofferraum können Sie durch das Weglassen von überflüssigem Spielzeug sparen: Erfahrungsgemäß wird hier immer viel zu viel mitgenommen. Kein Kind braucht beim Camping einen Berg an Sandspielzeug oder ein ganzes Regal voller Bücher.

Viel braucht es in der Regel auf einem Campingplatz nicht, um keine Langeweile aufkommen zu lassen. Eimer und Schaufel, ein Ball sowie Malsachen, ein paar Vorlesebücher und ein Kartenspiel für Schlechtwetterphasen reichen vollkommen. Als weiteres Spielzeug sind kleine Dinge, die man in der Natur nutzen, kann ideal, z. B. Becherlupen oder Kinderklappmesser mit abgerundeter Spitze zum Schnitzen.

Selbst auf Campingplätzen ohne Kinderanimation gibt es viel zu entdecken. Ob Meer, See oder Wald: Die Natur ist ein riesiger Abenteuerspielplatz und Spielkameraden finden sich auf einem Campingplatz meist im Handumdrehen.

Das vielleicht größte Problem bei einem Campingurlaub mit Kindern ist die Anfahrt. Das beste Rezept gegen die allseits gefürchtete, quengelnde Frage „Wann sind wir endlich da?" sind regelmäßige Pausen, in der die Kinder ihren natürlichen Bewegungsdrang ausleben und Frisbee, Ball oder Fangen spielen können.

Wenn den Kleinen vom Lesen im Auto nicht schlecht wird, sorgen Lese- und Malbücher für Abwechslung während der Fahrt. Größere Kinder können sich auch gut mit (Rate-)Spielen beschäftigen, z. B. Autobingo (jeder Spieler sucht sich eine Farbe aus und bekommt einen Punkt für jedes entgegenkommende Fahrzeug in „seiner" Farbe) oder Tierraten (einer denkt sich ein Tier aus, welches die anderen durch Fragen nach Merkmalen herausbekommen müssen). Als leichter Snack für zwischendurch eignen sich Apfelstücke und Gemüseschnitze von Möhren, Paprika oder Gurken.

☺ Viele Kinder lieben Hörspiele und können stundenlang den Abenteuern von Benjamin Blümchen und Co. lauschen. Wenn Ihnen das ewige Gekreische von Karla Kolumna oder die öde, heile Welt von Conni-mit-der-Schleife-im-Haar auf die Nerven geht, sind getrennte Lautsprecher für den hinteren Bereich oder MP3-Player mit Kopfhörern ein Segen.

Solange es dem Fahrer nichts ausmacht und die Kinder ohne Probleme in ihren Autositzen schlafen, sind Nachtfahrten eine gute Alternative, um längere Strecken zurückzulegen. Grundsätzlich sollten Eltern aber dennoch Reiseziele bevorzugen, die nicht allzu weit entfernt liegen und entspannt mit ein oder maximal zwei Zwischenübernachtungen erreicht werden können.

Camping mit Hund

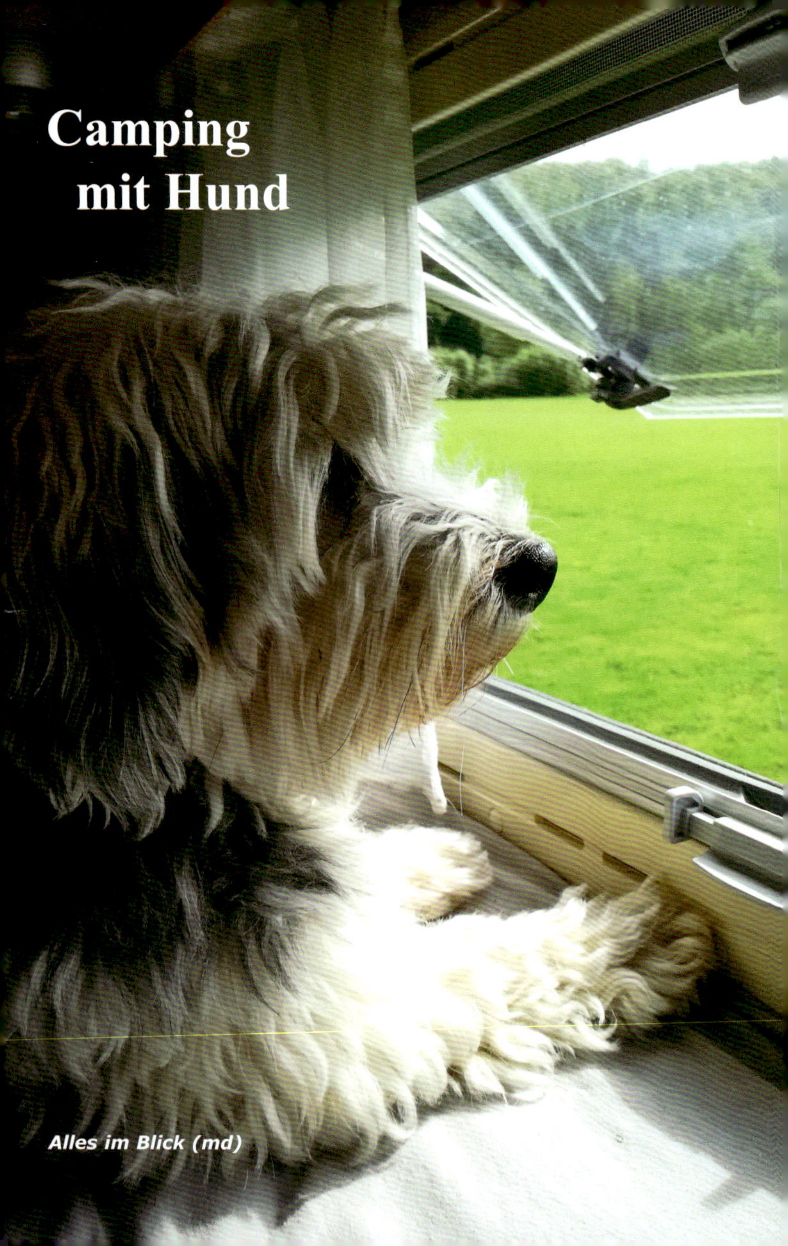

Alles im Blick (md)

Der Aufenthalt mit Hund ist auf dem Campingplatz zwar im Vergleich zum Hotelurlaub deutlich entspannter, trotzdem gibt es für den reibungslosen Ablauf einige Dinge zu beachten.

Geht es ins Ausland, so sind rechtzeitig vor der Abfahrt die genauen Einreisebestimmungen zu klären. Pflicht in den meisten europäischen Ländern sind ein Mikrochip, eine gültige Tollwutimpfung sowie ein EU-Heimtierausweis.

Auf dem angesteuerten Campingplatz sollten Haustiere im Idealfall nicht nur erlaubt, sondern willkommen sein. Grundsätzlich sind kleinere, naturnahe Plätze sicher besser geeignet. Hier gibt es keine Menschenmassen und die Hunde können sich ungestört austoben. Liegt der Campingplatz am Meer oder an einem See, sollten Sie unbedingt sicherstellen, dass es eine separate Hundebadestelle gibt.

Ein Hund fühlt sich an jedem Platz wohl wenn Frauchen und/oder Herrchen dabei sind (md)

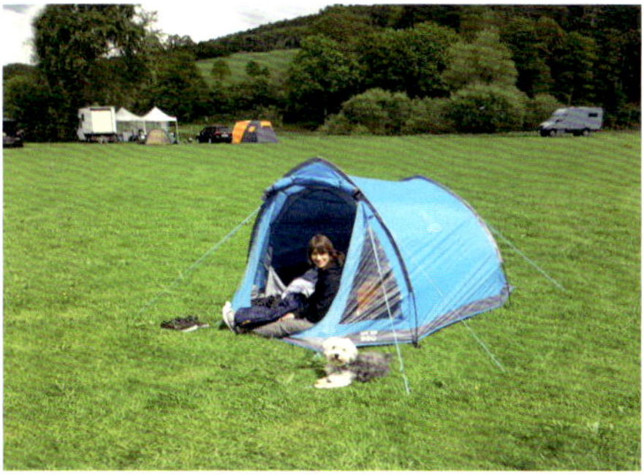

Inzwischen haben sich viele Campingplätze auf den Besuch von Gästen mit vier Pfoten eingestellt und bieten sogar ein spezielles Serviceangebot für Hunde wie Hundeduschen oder ausgewiesene Spielwiesen, auf denen die Vierbeiner frei herumtollen dürfen. Auf dem Platz selbst dagegen müssen Hunde meist im Interesse eines harmonischen Miteinanders von Campern mit und ohne Hund an der Leine geführt werden.

☺ Geeignete Plätze können Sie z. B. mit der Suchoption „Camping mit Hund“ im Bereich Besonderheiten in der Detailsuche auf der Website des ADAC-Campingführers (💻 https://campingfuehrer.adac.de) finden.

Mit einem Trenngitter, einer Transportbox oder einem speziellen Sicherheitsgeschirr für die Rückbank fährt die Fellnase sicher mit in den Urlaub. Ähnlich wie beim Verreisen mit Kindern ist allerdings auch den meisten Hunden langes Autofahren zuwider. Daher empfehlen sich Urlaubsziele, die nicht zu weit vom Heimatort entfernt liegen und während der Anfahrt sollten ausreichend Pausen eingelegt werden.

Zu guter Letzt

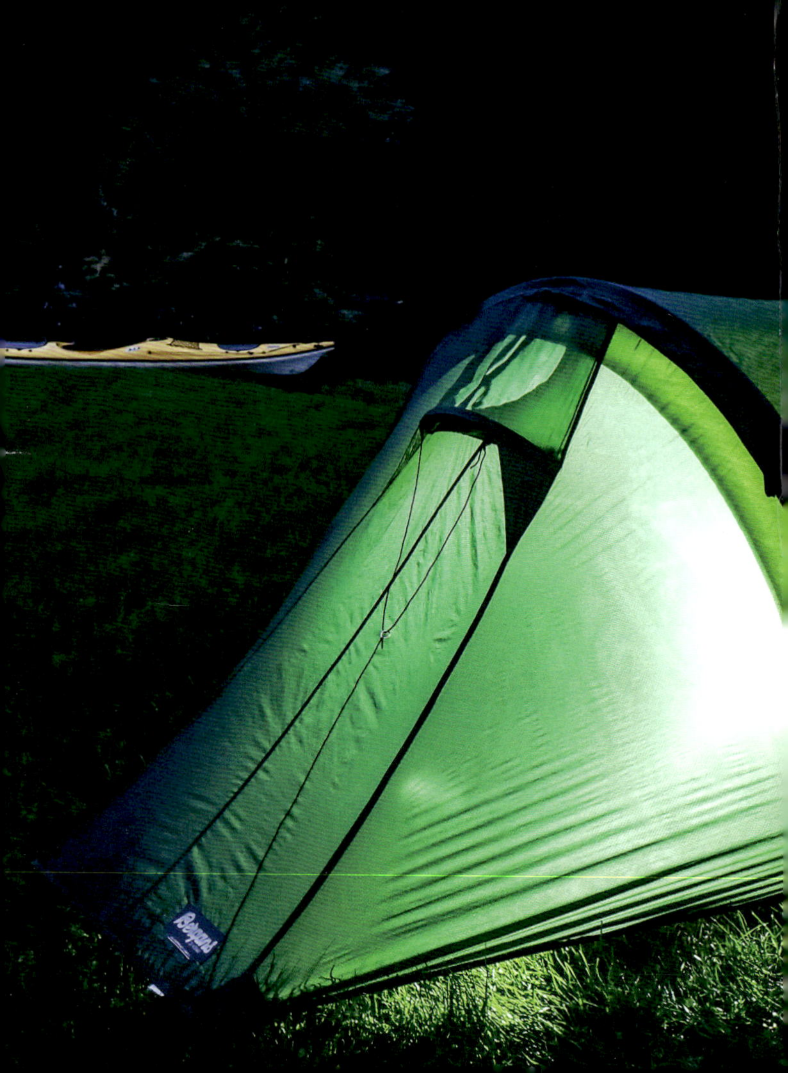

Auch der schönste Urlaub geht einmal zu Ende und ich hoffe, die Hinweise und Ratschläge in diesem Buch können zum Gelingen Ihrer Ferien beitragen.

Für die Abreise vom Campingplatz mit Wohnmobil oder Caravan habe ich noch einen letzten Tipp – denn es passiert längst nicht nur Anfängern, dass man mit offenstehender Dachluke, welche der Fahrer im Rückspiegel nicht im Blick hat, vom Gelände rollt.

Das kann nicht nur teuer werden, wenn das Fenster durch die tiefhängenden Äste eines Baumes beschädigt wird, sondern auch richtig gefährlich. Bei der schnellen Fahrt auf der Autobahn kann eine Dachluke im schlimmsten Falle sogar ganz ohne Fremdeinwirkung abreißen und nachfolgende Fahrzeuge beschädigen.

Gewöhnen Sie sich daher von Anfang als Ritual vor der Abfahrt einen Kontrollgang rund ums Fahrzeug an:

- ▷ Sind alle Fenster und die Dachluke geschlossen?
- ▷ Wurden alle Stützen eingefahren bzw. Auffahrkeile entfernt?
- ▷ Ist das Kabel für den Landstrom abgehängt und sicher verstaut?
- ▷ Sind die Fahrräder auf dem Heckträger gut gesichert?

Nun geht es an die hoffentlich staufreie Heimreise und zu Hause muss die Ausrüstung gegebenenfalls gereinigt und bis zur nächsten Reise gut verstaut werden. Achten Sie insbesondere bei Zelten und Schlafsäcke darauf, dass diese dabei absolut trocknen sind.

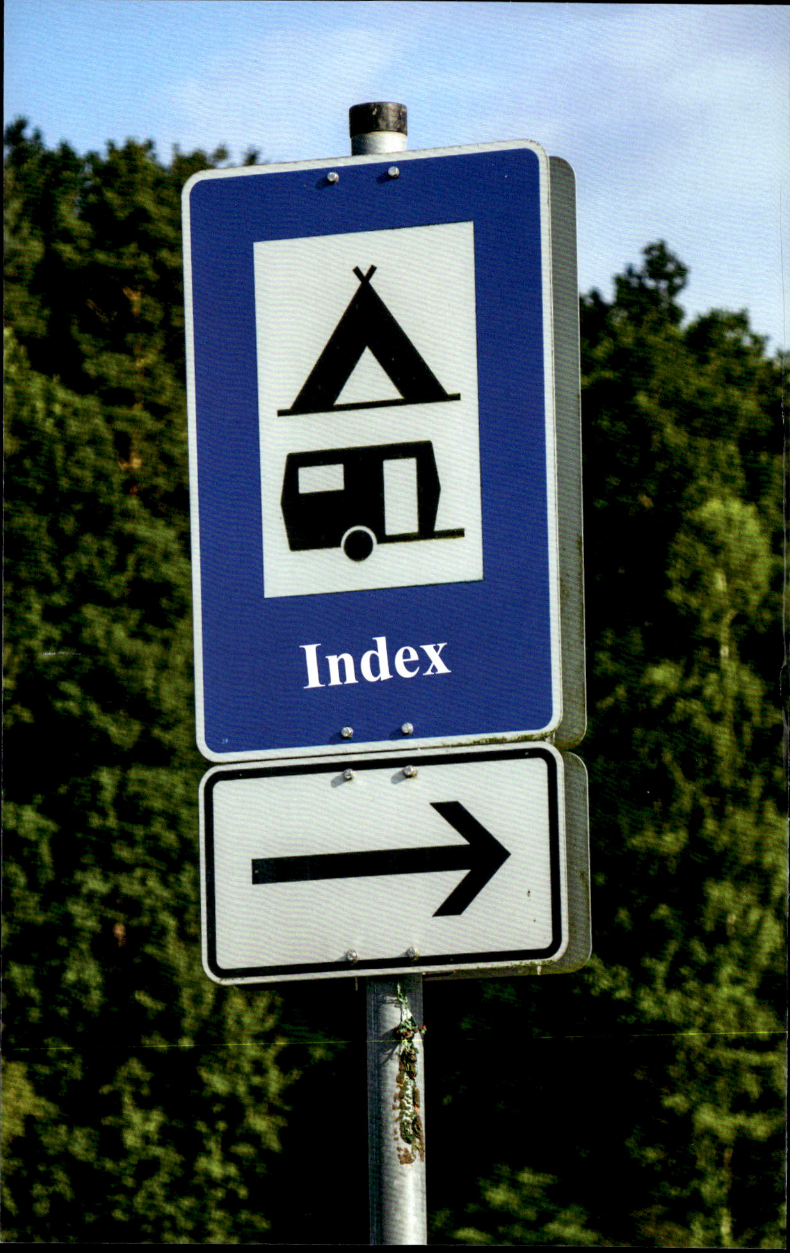
Index